FUNDAMENT✣S DEL
EVANGELIO

Un pueblo errante

| VOL. 2 | ÉXODO - JUECES |

LifeWay Español® • Nashville, Tennessee

De los creadores de *The Gospel Project*, *Fundamentos del evangelio* es un recurso de seis volúmenes que enseña la trama de la Escritura. Es de amplio alcance pero, a la vez, lo suficientemente conciso como para terminarlo en tan solo un año. Cada volumen de siete sesiones incluye videos para ayudar a tu grupo a comprender cómo encaja cada texto en la trama de la Biblia.

ISBN 978-1-5359-5658-1 • Ítem 005814753

Clasificación Decimal Dewey: 230
Clasifíquese: CRISTIANISMO / EVANGELIO / SALVACIÓN

Equipo editorial

Michael Kelley
Director, Ministerio de grupos

Brian Dembowczyk
Editor general

Joel Polk
Líder del equipo editorial

Daniel Davis, Josh Hayes
Editores de contenido

Brian Daniel
Encargado, discipulado a corto plazo

Darin Clark
Director artístico

Creemos que la Biblia tiene a Dios por autor, a la salvación como fin y a la verdad, sin ninguna mezcla de error, como tema y que toda la Escritura es totalmente veraz y confiable. Para repasar el lineamiento doctrinal de LifeWay, por favor, visita lifeway.com/doctrinalguideline.

Para encargar más ejemplares de este recurso, escribe a LifeWay Resources Customer Service, One LifeWay Plaza; Nashville, TN 37234; o solicítalos por fax al 615-251-5933; por teléfono al 800-458-2772; por correo electrónico a orderentry@lifeway.com; en línea, entrando a LifeWay.com; o visita la tienda cristiana de LifeWay más cercana.

Impreso en Estados Unidos de América

Multi-Language Publishing
LifeWay Resources
One LifeWay Plaza
Nashville, TN 37234

Contenido

Sobre *The Gospel Project*

Fundamentos del evangelio es de los creadores de *The Gospel Project*, el cual existe para guiar a niños, alumnos y adultos hacia el evangelio de Jesucristo mediante estudios bíblicos grupales semanales y recursos adicionales que muestran cómo el plan redentor de Dios se despliega a lo largo de la Escritura y, aun hoy, los apremia a unirse a la misión divina.

The Gospel Project brinda estudios bíblicos teológicos pero prácticos y adecuados para la edad, que sumergen a toda tu iglesia en la historia del evangelio y la ayudan a desarrollar una cultura del evangelio que lleve a una misión del evangelio.

La historia del evangelio

Sumergir a personas de todas las edades en la trama de la Escritura: el plan de Dios para rescatar y redimir a Su creación a través de Su Hijo Jesucristo.

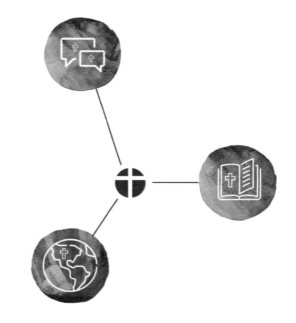

La cultura del evangelio

Inspirar a comunidades donde el evangelio sature nuestra experiencia y a los que dudan a que se transformen en creyentes que comiencen a declarar el evangelio.

La misión del evangelio

Empoderar a los creyentes para vivir en misión, declarando las buenas nuevas del evangelio en palabra y en obra.

Cómo usar este estudio

Este libro de estudio bíblico incluye siete semanas de contenido para estudio grupal y personal.

Estudio grupal

Más allá del día de la semana en el cual se reúna tu grupo, cada semana de contenido empieza con la sesión grupal. Cada sesión grupal utiliza el siguiente formato para facilitar una interacción sencilla pero significativa entre los miembros del grupo y con la Palabra de Dios.

Introducción al estudio y Marco contextual
Estas páginas incluyen **contenido y preguntas** como disparadores de la conversación, e **infografía** para ayudar a los miembros del grupo a ver el hilo de la trama bíblica.

Discusión en grupo
Cada sesión tiene un **video educativo** correspondiente para ayudar a contar la historia bíblica. Estos videos fueron creados específicamente para desafiar al grupo a considerar toda la historia de la Biblia. Después de mirar el video, continúen el **debate grupal** leyendo los pasajes bíblicos y hablando de las preguntas que aparecen en estas páginas. Por último, finalicen cada sesión grupal con una **respuesta misionera personal** basada en lo que Dios ha dicho a través de Su Palabra.

Estudio personal

Cada sesión proporciona tres estudios personales para llevar al individuo a profundizar en la Escritura y para complementar el contenido introducido en el estudio grupal. Con **enseñanzas bíblicas y preguntas introspectivas**, estas secciones desafían a las personas a crecer en su comprensión de la Palabra de Dios y a responder en fe.

Guía para el líder

En las páginas 95-108, se proporciona una guía troquelada para el líder que incluye posibles respuestas a las preguntas resaltadas con un ícono y sugerencias para diversas secciones del estudio grupal.

La Palabra de Dios para ti

Una vida por la que vale la pena morir

En el comienzo, Dios creó todas las cosas buenas. Al crear a la humanidad y hacer hombres y mujeres, incluso declaró que Su creación era muy buena. Estaba ubicada en el paraíso; la experiencia era la vida abundante; es decir, hasta que la contaminación del pecado cubrió el mundo por causa de la rebelión de Adán y Eva en contra de su Creador.

Como resultado, la humanidad perdió su paraíso y quedó separada del Dios que creó buenas todas las cosas. La muerte fue la advertencia de Dios frente a la desobediencia y se convirtió en realidad: la muerte de vivir separados de Dios (el pecado), la muerte de la vida (muerte física) y la muerte de la separación eterna de la bondad de Dios (muerte espiritual).

Pero el Dios de toda cosa buena no había terminado. Llamó a un pueblo hacia Él para que fuera la luz del mundo. Les dio Sus santas expectativas para que las siguieran. Previó para el pecado los sacrificios. E, incluso cuando Su pueblo continuó rebelándose en Su contra, prometió vida a través de la muerte.

Jesús entra en escena: el Hijo de Dios enviado al mundo para hacer nuevas todas las cosas. «En él estaba la vida, y la vida era la luz de los hombres» (Juan 1:4). «Lleno de gracia y de verdad», Jesús obedeció todas las santas expectativas del Padre (1:14). Él es el «Cordero de Dios, que quita el pecado del mundo» (1:29). Entregó Su vida para morir en una cruz y así asegurarles la vida a aquellos que lo siguieran (10:11), y lo demostró en Su resurrección cuando volvió a recuperar Su vida (10:18). Un ladrón viene a robar, matar y destruir; Jesús vino para que una vez más pudiéramos tener vida y tenerla en abundancia (10:10).

Entonces, ¿cómo deberíamos responder a estas buenas noticias? Apartándonos del pecado (arrepentimiento) y creyendo en Jesús (fe). «El que ama su vida, la perderá; y el que aborrece su vida en este mundo, para vida eterna la guardará» (12:25). Los tesoros y placeres de este mundo no pueden compararse con la vida eterna que se halla en Jesús.

Dios oye a Su pueblo

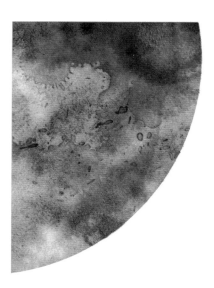

Introducción al estudio

El Dios que creó el cosmos con la palabra de Su poder es el Dios fiel que guarda Sus promesas con Su pueblo. Él es fiel a pesar de la infidelidad de Su pueblo hacia Él. La humanidad continuó pecando contra Dios y alejándose de Él; sin embargo, Dios no abandonó Su promesa de rescatar y redimir a la gente de la esclavitud del pecado y de la muerte.

> ¿Cuáles son algunas de las maneras en que has visto que Dios te busca?

Este Dios que rescata a la gente del pecado es el mismo Dios que oyó el clamor de Su pueblo esclavizado en el Antiguo Testamento. Cuando los hijos de Israel clamaron desesperados por la esclavitud en Egipto, Dios los oyó no debido a la fidelidad de ellos o a su justicia, sino debido al pacto que Él había hecho con Abraham. Del mismo modo, podemos estar confiados en que Dios oye nuestro clamor debido a Su fidelidad, no a la nuestra. Dios está con nosotros en toda circunstancia y no nos abandonará en nuestro estado pecaminoso. En cambio, ha intervenido activamente en la historia, a través de Jesús, para proveer un camino de redención.

> ¿Crees que la mayoría de la gente tiene la sensación de que necesita ser rescatada de su pecado? ¿Por qué sí o por qué no?

Marco contextual

A través de los muchos vaivenes de su vida, **Dios usó a José** para sostener a su familia. José acumuló gran poder en la extranjera tierra de Egipto y, cuando una gran hambruna azotó la región, su familia encontró en este hermano perdido hacía tanto tiempo la ayuda que necesitaba para sobrevivir. La familia de Israel, 70 en número, se trasladó a Egipto, pero al poco tiempo los israelitas eran tan numerosos que llenaban Egipto. Entonces, un nuevo rey se levantó con poder en Egipto y comenzó a oprimirlos, **esclavizándolos para que realizaran trabajos forzados.**

 ¿De qué manera la esclavitud sirve como una metáfora apropiada para la maldición del pecado y de la muerte en este mundo?

Entonces, el pueblo escogido de Dios, los portadores de Su pacto con Abraham, vivieron en Egipto durante 400 años como esclavos. Como continuaban multiplicándose, Faraón ordenó que todo bebé varón de origen israelita fuera arrojado al Nilo. Una madre israelita escondió a su hijo en su hogar todo lo que pudo. Cuando ya no pudo ocultarlo más, **lo colocó en un canasto y lo hizo flotar sobre el Nilo** con la fe de que, de algún modo, se salvaría.

Quiso Dios que la propia hija de Faraón encontrara el canasto y le pusiera al niño el nombre **Moisés**. Él vivió como su hijo en el palacio hasta que un día procuró defender a su pueblo. Mató a un capataz egipcio, pero luego huyó hacia la tierra de Madián para salvarse y allí vivió como pastor durante 40 años, sin saber que jugaría un papel crucial en el plan de liberación de Dios. «**La vida de Moisés**» (pág. 11) proporciona una rápida reseña del papel de Moisés en el plan de Dios.

 ¿Cómo pueden las experiencias pasadas de la fidelidad de Dios aumentar nuestra esperanza en Su futura liberación?

✝ Conexión con CRISTO

Dios le dijo a Moisés Su nombre «YO SOY» como una revelación de Su trascendente autoexistencia. Jesús es el eterno Hijo de Dios, el gran «YO SOY», que vino a salvarnos del pecado.

La vida de **Moisés**

Hijo en Egipto

0–40

- Nace; es colocado en un canasto en el río Nilo; lo encuentra la hija de Faraón (Ex. 2).
- Mata a un capataz egipcio que golpeaba a un esclavo hebreo (Ex. 2; comp. Hech. 7:23-24).
- Huye a Madián (Ex. 2).

Pastor en Madián

40–80

- Se casa con Séfora y tiene una familia (Ex. 2).
- Se encuentra con Jehová en la zarza ardiente (Ex. 3:4; comp. Hech. 7:30).

Profeta de Dios

80–120

- Regresa a Egipto para confrontar a Faraón con las plagas (Ex. 4–12).
- Conduce a los israelitas en el éxodo y el cruce del mar Rojo (Ex. 12–14).
- Guía a los israelitas hacia el monte Sinaí (Ex. 15–19).
- Le da al pueblo la ley de Dios y Sus instrucciones (Ex. 20–Núm. 10).
- Conduce a los israelitas hasta el límite sur de la tierra prometida (Núm. 10).
    —El pueblo se rebela; son condenados al desierto por 40 años (Núm. 13–14).
- Desobedece a Dios en cómo hace salir agua de una roca (Núm. 20).
- Luego de 40 años, conduce a los israelitas hasta el límite oriental de la tierra prometida (Núm. 22).
- Se le permite ver la tierra prometida, pero no entrar (Deut. 3).
- Muere en el monte Nebo (Deut. 34).

Discusión en grupo

 Mira el video para esta sesión y continúa con el debate grupal utilizando la guía siguiente.

¿De qué maneras, como el pueblo de Israel, estamos o hemos estado esclavizados?

¿Qué impacto debería tener sobre nuestra manera de vivir recordar que Dios nos ha rescatado en Jesús?

Como grupo, lean Éxodo 3:2-10.

 A partir de estos versículos, ¿qué se hace evidente del carácter de Dios?

¿Por qué piensas que Dios le recordó a Moisés que Él es el Dios de sus antepasados?

¿Cómo te parece que habrías respondido en el lugar de Moisés?

Aunque habían pasado 400 años, Dios no había olvidado Su promesa a Su pueblo. Seguía siendo el mismo Dios que había llamado a Abraham, y había llegado la hora de intervenir a favor de Su pueblo. Algunas veces, podemos sentirnos tentados a dudar o a olvidar las promesas de Dios, pero podemos estar seguros de que Él no se ha olvidado de nosotros.

Como grupo, lean Éxodo 3:11-15.

¿Cuándo te has sentido como Moisés, no calificado para hacer lo que sabes que Dios te ha llamado a hacer?

 ¿Cómo podrían alentarte las respuestas de Dios a Moisés cuando no te sientes calificado?

¿Qué es significativo respecto a la revelación de parte de Dios de Su nombre?

Moisés hacía la pregunta equivocada. Lo importante no era su identidad; era la de Dios. El nombre de Dios es más que algo con qué llamarlo; es la revelación de Su carácter. A través de este nombre, Dios ayudaba a Moisés a ver que está presente con Su pueblo y a favor de él en todo momento.

Como grupo, lean Éxodo 7:14-18.

> Estos versículos contienen apenas una de las diversas señales que Dios trajo por medio de Moisés. ¿Por qué piensas que Dios decidió librar a Su pueblo usando señales como estas?

> ✳ ¿Qué les habrán demostrado estas señales tanto al pueblo de Dios como a los egipcios?

> Como pueblo de Dios, ¿deberíamos seguir esperando señales como estas? ¿Por qué sí o por qué no?

Al realizar estas señales y maravillas, Dios demostró Su poder sobre todos los dioses falsos. Cada una de las señales que realizó iba dirigida a un dios en particular que los egipcios adoraban. En este caso, los egipcios adoraban al Nilo, y Dios mostró Su poder sobre ese dios. En definitiva, la señal y la maravilla más grande que Dios realizó fue levantar a Jesús de los muertos, demostrando que Él es Señor aun sobre la muerte.

✝ Aplicación MISIONERA

En este espacio, registra al menos una manera en que puedes aplicar la verdad de la Escritura como creyente en el soberano Dios que oye a Su pueblo.

Estudio personal 1

Dios escucha el clamor de Su pueblo.

Lee Éxodo 3:2-10.

Es una declaración sencilla, pero a menudo difícil de creer: Dios escucha el clamor de Su pueblo. Cuando las circunstancias se nos vuelven en contra, cuando el dolor en nuestras vidas es muy real, podemos preguntarnos si Dios verdaderamente oye nuestras oraciones y nuestro clamor para pedir ayuda. Esto es seguramente lo que los israelitas sintieron a lo largo de su prolongada esclavitud en Egipto.

Como israelita, es probable que Moisés conociera el clamor que su pueblo había elevado a Dios durante 400 años. Los israelitas conocían su historia, que Dios le había prometido a su antepasado Abraham que les daría una tierra propia y que los bendeciría de una manera especial. Tal vez, luego de tantos años en esclavitud, algunos dentro de la comunidad israelita se preguntaban si Dios no se habría arrepentido de Su promesa.

A pesar de las décadas y siglos que pasaron, Dios seguía escuchando. En Su misericordia, oyó el clamor de Su pueblo y respondió. Fíjate quién inició la conversación: Dios vino a Moisés. Se reveló al hombre que había escogido para interceder por Su pueblo y luego se identificó como el Dios de los antepasados de Moisés.

Los humanos no tenemos ningún derecho a exigir una audiencia con Dios. Él no depende de nosotros; toda la creación depende de Él. Dios no tiene que rendirnos cuentas; nosotros debemos rendirle cuentas a Él. Dios habría sido totalmente justo si hubiera creado este mundo y lo hubiera dejado librado a los procesos naturales que Él sostiene, sin intervenir jamás (mediante un milagro), sin comunicarse jamás con Sus criaturas humanas (a través de una revelación especial) y sin participar jamás en nuestros aprietos humanos (por medio la redención). En nuestra existencia no hay nada que obligue a Dios a ser un Dios que se revele a sí mismo. Sin embargo, Él escucha nuestro clamor y responde.

Dios no permitiría que Su pueblo continuara sufriendo. En cambio, intervendría para rescatarlos. ¡Aquí vemos una sombra de la buena noticia del evangelio! El evangelio es la historia de un Dios que hace un llamado a pecadores desvalidos. En nuestra ceguera y sordera espiritual, estamos aprisionados y esclavizados por nuestra propia pecaminosidad. No podemos ver la bondad de Dios hasta que Él nos da nuevos ojos. No podemos oír la voz de Dios hasta que Él abre nuestros oídos.

Pero Dios, por pura gracia, nos habló de una manera totalmente inesperada: a través de Su Hijo, el Verbo. Dios decidió entrar en nuestro mundo de oscuridad mediante la persona de Jesucristo. Juan 1 dice: «En el principio era el Verbo, y el Verbo era con Dios, y el Verbo era Dios» (v. 1). Y luego: «Y aquel Verbo fue hecho carne, y habitó entre nosotros» (v. 14). Jesús es el Verbo de Dios para nosotros, que irrumpe en nuestra prisión oscura y silenciosa, y declara: «¡Sea la luz!». («En él estaba la vida, y la vida era la luz de los hombres. La luz en las tinieblas resplandece, y las tinieblas no prevalecieron contra ella» [vv. 4-5]). En Su vida perfecta y en Su muerte expiatoria, Jesús nos reveló a Dios. Nos mostró el carácter de Dios. Demostró el amor en la esencia de la autoridad del Padre.

Esta misma esencia de amor, gracia y compasión se exhibe cuando Dios escucha el clamor de Su pueblo. Tal como lo haría luego en el evangelio, Dios se pondría en acción a favor de los israelitas. Haría por ellos lo que ellos no podían hacer por sí mismos: sacarlos a la libertad y, al hacerlo, continuar cumpliendo Su promesa de pacto con Abraham.

¿Qué has experimentado o estás experimentando que pudiera hacerte dudar de que Dios escuche tu clamor?

¿De qué manera recordar el evangelio también puede recordarte que Dios te oye en verdad cuando clamas a Él?

Estudio personal 2

Dios revela Su carácter.

Lee Éxodo 3:11-15.

En el Antiguo Testamento, un nombre era mucho más que el medio a través del cual podías dirigirte a alguien. El nombre era la descripción del carácter de una persona.

Incluso a esta altura relativamente temprana en la historia de la Biblia, hemos visto la importancia de los nombres muchas veces. Dios ya había cambiado los nombres de Abram, de Sarai y de Jacob. Cuando se encontraron con Dios, la trama de sus identidades se alteró y Dios señaló esta transformación al cambiar sus nombres. Pero aunque hemos visto la importancia de los nombres de la gente, hasta ahora no hemos visto la importancia de los nombres de Dios. Aun en los pactos fundacionales que Dios estableció con Noé y Abraham (Gén. 9:9; 17:2,7), nunca explicó el significado de Su nombre: «Jehová» o «Jehová». Luego vino el dramático encuentro de Moisés con Jehová en la zarza ardiente.

Al haberse criado en el epicentro de Egipto, la casa de Faraón, Moisés conocía a los muchos dioses de aquella antigua tierra, cada uno con un nombre que revelaba algo sobre sí mismo. Entre ellos se encontraban Horus, el dios con cabeza de halcón que gobernaba el cielo y a los faraones; Isis, la diosa de la magia, la maternidad y la fertilidad; y Ra, el dios sol y creador. Pero ¿cuál era el significado del nombre Jehová?

La pregunta de Moisés sobre el nombre de Dios tenía una buena razón. Aunque los israelitas ya estaban familiarizados con el nombre Jehová (Gén. 12:8; 26:25; 28:13), habían sido esclavizados durante siglos sin una palabra de parte de este Dios. Tal vez Moisés estaba expresando la curiosidad de muchos de sus hermanos cuando le preguntó al Señor: «¿Qué significa tu nombre?». En otras palabras, a la luz de estos largos años de sufrimiento, Moisés estaba preguntando: «¿Quién eres?».

Tal vez puedas identificarte con esto. Quizás también conozcas la sensación de leer en la Biblia las promesas de Dios al creyente en Cristo y luego mirar atentamente las circunstancias de tu vida y preguntarte quién será el Dios que hace semejantes declaraciones. Es durante estos tiempos cuando también debemos mirar a Dios y preguntarle por Su verdadera identidad: «¿Eres verdaderamente el Dios del cual he leído? ¿Eres verdaderamente el Dios que promete nunca abandonarme o dejarme? ¿Eres verdaderamente el Dios que hace que todo ayude a bien?».

La respuesta de Jehová en los versículos 14-15 señala Su identidad como el Dios hacedor y guardador de pactos. El Señor le había hecho a Abraham la eterna promesa de que sería el padre de muchas naciones (Gén. 17:4). También le había dicho que sus descendientes serían esclavizados durante 400 años, pero que Él los liberaría de la esclavitud (Gén. 15:13-14). Ahora, Dios le expresó a Moisés que el significado del nombre Jehová estaría conectado para siempre con el cumplimiento de Sus promesas de pacto a Abraham, Isaac y Jacob.

Aunque Jehová apareció en una llama ardiente en un arbusto, se reveló a Moisés como un Ser personal, no como una fuerza abstracta. Dios hace promesas y luego las cumple. Él dijo que con el nombre Jehová se lo recordaría «por todos los siglos», el Rey de Su pueblo que guarda el pacto y que siempre es fiel a Su Palabra. Este es Su nombre, y en Su nombre se puede confiar.

¿Que nos enseñan sobre el carácter de Dios Sus acciones en relación con el pacto?

¿En qué manera la misión de Dios para rescatar a Su pueblo exhibe Sus atributos?

Estudio personal 3

Dios confronta a los dioses falsos.

Lee Éxodo 7:14-18.

Al haberle revelado Su nombre a Moisés y al haberlo enviado como Su emisario a Faraón, Dios estaba listo para confrontar a los dioses falsos de los egipcios y para revelar Su gloria a todo ser viviente en esa tierra. En los capítulos siguientes, se desarrolla el juicio de Dios sobre los egipcios a través de una serie de duras plagas. Cualquiera que lea estos pasajes hoy puede mirar estas plagas y decir: «¿Esto es una broma? ¡Qué estrafalario! ¿Acaso Dios es un patán cósmico? ¿Lo único que quería era molestar a los egipcios?». O tal vez los lectores simplemente revoleen los ojos y digan: «Esto es absurdo. ¿Plagas milagrosas? ¿En serio? Es difícil de creer».

La serie de plagas por cierto fue extraña y dura. Pero debemos entender que sucede algo mayor de lo que percibimos a simple vista. Dios estaba juzgando no solo a los egipcios, sino también a los dioses de Egipto. En Éxodo 12:12, Dios dijo que realizaría la última señal, la muerte de los primogénitos y, al hacerlo, ejecutaría Sus «juicios en todos los dioses de Egipto» (ver también Núm. 33:4).

Las plagas cayeron sobre todas las áreas de la vida que supuestamente habían estado protegidas por los dioses de Egipto. Dios exhibió Su gloria al juzgar a estos dioses falsos; solo Él es el Todopoderoso. Y la primera exhibición del poder superior de Dios fue apropiada: un milagro en el río Nilo.

El Nilo era la vida de Egipto. En esencia, Egipto no existía sin el Nilo. Era el responsable de la transportación, la irrigación, el agua, la comida y de establecer el calendario. Este tipo de catástrofe sería similar a cortar todo suministro de combustible, a que el mercado de acciones colapsara, a beber agua contaminada y a no tener alimentos en los almacenes. Sería un caos total. No es de sorprenderse que los egipcios adoraran al Nilo como su creador y sustentador. Al menos, tres deidades se asociaban al Nilo. Pero Dios humilló por completo a estos dioses cuando convirtió al poderoso Nilo en sangre (ver también Sal. 78:44; 105:29; Apoc. 16:3-7).

Los magos de Faraón de algún modo replicaron el milagro. Pero que la gente cavara en busca de agua muestra que, aunque repitieron la señal, no pudieron limpiar el agua del Nilo. No obstante, Faraón se negó a humillarse ante el único y verdadero Dios (Ex. 7:23).

Si echas una mirada a las plagas que siguen a esta, verás cuatro elementos recurrentes en todas las diez plagas (en general, no en cada caso en particular):

1) La obediencia de Moisés y Aarón

2) El poder superior de Dios sobre los dioses de Egipto

3) Las falsificaciones de Satanás

4) El endurecimiento perpetuo del corazón de Faraón

Pero hay un tema dominante: «Conocerás que yo soy Jehová» (ver Ex. 7:17; 8:10,22; 9:14,16,29; 10:2). Dios permite que todos conozcan que solo Él es Dios. No debemos pasar por alto este tema dominante en medio de todos los detalles de las plagas: es necesario conocer y adorar la misión de Dios.

Como la misión de Dios debe conocerse y ser adorada, también debe ser la misión que impulse nuestras vidas. Así como Dios usaría estas señales y maravillas para librar a Su pueblo de la esclavitud física de los egipcios, también ha usado la maravillosa resurrección de Jesús de entre los muertos para librarnos de la esclavitud del pecado y de la muerte. Ahora, como Su pueblo rescatado, se nos ha encomendado la tarea de procurar tanto la liberación física como espiritual de otros. Debemos trabajar por la justicia y la misericordia de maneras físicas y tangibles en el mundo, mientras predicamos la buena noticia de libertad espiritual que solo puede venir a través de Cristo. Mientras lo hacemos, estamos declarando la supremacía de Dios sobre todo dios falso que el mundo tenga para ofrecer.

¿Cuáles son los dioses falsos a los que recurre nuestra sociedad en busca de seguridad?

¿Cómo juzga Dios a estos dioses falsos?

Dios libra a Su pueblo

Introducción al estudio

Dios no había olvidado a Su pueblo ni se había olvidado de la promesa que le había hecho. Se reveló a Moisés y lo envió como Su representante para confrontar a Faraón y a todos los dioses falsos de los egipcios. Al hacerlo, Dios rescataría a Su pueblo, pero lo haría de una manera que resaltara Su gran poder y gloria.

 ¿Por qué es importante que nos demos cuenta de que Dios rescató a Su pueblo de un modo que lo glorificó?

La liberación había comenzado, pero Faraón con el corazón endurecido no estaba listo para dejar ir al pueblo de Dios para que lo adorara. Una y otra vez, Faraón prometió dejarlos ir a Israel, para luego retractarse y mantenerlos en cautiverio. Y cada vez, Dios traía más juicio sobre la tierra. Cuando el conflicto llegó a su punto culminante, Dios realizó un último milagro que no solo aseguró la liberación de Su pueblo, sino que fue una poderosa manera de anticipar la mayor liberación que vendría en Cristo.

¿Alguna vez has participado o has aprendido sobre la comida pascual? Si es así, ¿cuál fue tu experiencia?

Marco contextual

«¡Deja ir a mi pueblo!». Este fue el mensaje que Dios le dio a Moisés para que le entregara a Faraón. Junto con este mensaje, Dios le prometió a Moisés que traería **juicios grandes** sobre la tierra de Egipto.

> Cuando piensas en Dios al librar a Su pueblo de Egipto, ¿qué imágenes vienen a tu mente? ¿Por qué?

El primero de estos juicios fue convertir el Nilo en sangre, seguido de las plagas de ranas, de piojos y de moscas, la muerte de todo el ganado en los campos, las úlceras en toda la gente y los animales de Egipto, una mortal tormenta de granizo, una plaga de langostas y tres días de oscuridad.

A pesar de la crudeza de estos sucesos, cada vez el pueblo de Dios fue guardado. No hubo oscuridad en su tierra, no cayó granizo sobre los israelitas ni hubo muertes en sus ganados. Sin embargo, **Faraón no estuvo dispuesto** a reconocer la autoridad que Dios tenía sobre él. Aunque a veces trató de negociar con Moisés y su Dios, en definitiva nunca estuvo dispuesto a hacer lo que el Señor le indicaba.

Aun luego de toda la devastación en la tierra, quedaba **un juicio más** de parte de Dios. El juicio sería tan severo que Faraón finalmente cedería y dejaría libre al pueblo de Dios. Pero esta plaga también fue diferente de las anteriores, ya que se requería un cordero pascual para que los israelitas se libraran. **«Veamos a Jesús en el éxodo»** (pág. 23) muestra cómo este cordero pascual prefigura a Jesucristo.

 ¿De qué manera glorifica a Dios que Él nos rescatara en Cristo?

✝ Conexión con CRISTO

Así como se sacrificó un cordero sin mancha para librar al pueblo de Dios de Su juicio en Egipto, también Jesucristo es el Cordero Pascual que fue sacrificado para protegernos del juicio de Dios por el pecado.

Veamos a Jesús *en el* **éxodo**

Antiguo Testamento	Nuevo Testamento
Jehová, el Señor «YO SOY» (Ex. 3:14-15)	**Jesús** «YO SOY» (Juan 8:58)
Moisés Un mediador (Ex. 32:11-14)	**Jesús** El Mediador (1 Tim. 2:5-6)
Moisés Un profeta (Deut. 18:18-19)	**Jesús** El Profeta (Hech. 3:22-26)
Israel, el primogénito de Dios Llamado a salir de Egipto (Ex. 4:22-23)	**Cristo, el Primogénito de Dios** El cumplimiento (Mat. 2:15)
El cordero pascual Protección contra la plaga (Ex. 12)	**Cristo, nuestra Pascua** Purificación del pecado (1 Cor. 5:7-8)

Discusión en grupo

 Mira el video para esta sesión y continúa con el debate grupal utilizando la guía siguiente.

¿De qué manera la negativa de Faraón a obedecer a Dios es un reflejo de cada corazón humano?

¿Cuáles son algunas maneras específicas en que la Pascua prefigura la muerte de Jesucristo siglos después?

Como grupo, lean Éxodo 12:3-8,12-13.

¿Cuál fue la característica distintiva que mantendría a salvo al pueblo de Dios de la última plaga?

¿Por qué es un detalle importante para que recordemos como cristianos?

 ¿En qué cosas tal vez estemos confiando para que nos mantengan a salvo?

Los israelitas no estarían a salvo de la última plaga por ningún otro medio a no ser por la sangre del cordero en sus dinteles. Así como ellos fueron salvos por la sangre de un cordero, también nosotros somos salvos por la sangre del perfecto Cordero de Dios, Jesús, que fue sacrificado a nuestro favor. Si confiamos en cualquier otro medio que pueda mantenernos a salvo del juicio de Dios, entonces estamos en el más grave de los peligros.

Como grupo, lean Éxodo 12:29-32.

 ¿De qué manera estos versículos revelan la gravedad del pecado?

¿Qué similitudes ves entre el mundo de los egipcios y el mundo de hoy respecto al juicio de Dios?

Todas las advertencias estaban allí. Dios ya había demostrado la seriedad del pecado nueve veces; sin embargo, había quienes consideraban que estaban a salvo del juicio. De manera similar, el mundo de hoy subestima la realidad del juicio de Dios. Es nuestra responsabilidad como cristianos hacer sonar la advertencia de lo que vendrá y compartir el verdadero y único camino de seguridad en Cristo.

Como grupo, lean Éxodo 14:13-28.

> ¿Te sorprende que los israelitas tuvieran tanto temor dadas las cosas de las que ya habían sido testigos? ¿Por qué sí o por qué no?

> ✳ ¿De qué maneras nos parecemos a los israelitas en este sentido?

Con la última plaga, Faraón dejó ir al pueblo de Dios, pero una vez más cambió de parecer. Reunió a su ejército y persiguió a los israelitas, pero no toda batalla les pertenece a los caballos y a los carros, y Dios tenía recursos más que suficientes a Su disposición para proporcionar liberación. Como los israelitas, hemos sido testigos del poder de Dios. Nuestra liberación pasada y continua del pecado y de la muerte a través de Cristo es el combustible para nuestra confianza en que Dios nos guardará todo el camino hasta el final.

✝ Aplicación MISIONERA

Registra, en este espacio, al menos una manera en la que aplicarás la verdad de la Escritura como testigo del poder y la soberanía del único Dios verdadero sobre todos Sus enemigos y falsos ídolos.

Estudio personal 1

Dios libra a Su pueblo al proveer un sacrificio perfecto.

Lee Éxodo 12:3-8,12-13.

Las plagas habían hecho estragos entre los egipcios, y Dios había manifestado Su gloria al desatar juicio sobre el imperio que se levantaba contra Él y Su pueblo. Quedaba una última plaga, una que sería peor que todas las otras. Esta plaga no solo sería terrible en juicio, sino también un recordatorio perdurable para los israelitas.

El pueblo de Dios debía apartar un cordero por familia, o por el número de personas que pudiera comerlo (12:3-4). El cordero serviría como sustituto, al morir en lugar de cada primogénito hebreo. No obstante, el cordero solo sería aceptable si era un macho de un año y sin defecto (12:5). En Deuteronomio 17:1, Dios dijo que un animal defectuoso usado para un sacrificio era abominación. Los israelitas necesitaban un sustituto perfecto, un sacrificio perfecto.

Esta necesidad de un sacrificio perfecto nos recuerda nuestro propio estado. Al estar corrompidos por nuestro propio pecado, no podemos salvarnos a nosotros mismos. Nuestras buenas obras son como un cordero defectuoso, indigno delante de un Dios santo. Necesitamos al Único que sirve como un sustituto perfecto a nuestro favor. Jesús es el Cordero para la casa de Dios. Solo mediante la fe en Él nuestros pecados están cubiertos. Solo Él es nuestra esperanza. Pablo afirmó: «Porque nuestra pascua, que es Cristo, ya fue sacrificada por nosotros» (1 Cor. 5:7).

En Éxodo 12:6-7, vemos lo que le sucedería a este cordero sin defecto. Lo matarían al atardecer. El cordero inmolado les recordaría vívidamente que todos merecían el juicio (ver Rom. 3:23). Por consiguiente, una vida sin mancha debía ser sacrificada en lugar de gente culpable que necesitaba salvación. La sangre del cordero se colocaba sobre los postes y el dintel de la casa (Ex. 12:7). La obediencia de colocar la sangre sobre la entrada mostraba que confiabas en que Dios guardaría Su Palabra y pasaría de largo salvándolos a ti y a tu familia del juicio. Entonces, Israel se libró del juicio a través de estos sacrificios, y la salvación para cada familia se logró mediante la fe en el Dios que proveyó un sustituto.

Dios actuaría contundentemente contra los dioses impotentes de los egipcios. ¡Solo se debe temer a Jehová, no a Faraón! Solo el Señor es el verdadero Juez justo y Él se dará a conocer. Los sucesos de la Pascua fueron una impresionante demostración del santo juicio sobre Egipto y sus dioses falsos.

La sangre sobre los postes de las puertas de los israelitas sirvió como señal de que el juicio ya había caído sobre esa casa. Así como las plagas fueron una señal para Egipto de la justicia y el juicio de Dios, ahora la Pascua era una señal de la misericordia de Dios para con Israel. Dios haría una diferencia con Israel, pero esto no significaba que fuera inocente. No era inocente debido a su linaje. Fue juzgado inocente debido a la sangre aplicada del sustituto. Dios juzgó a Egipto, pero también juzgó a Israel.

La Pascua demostró que, sin la sangre del cordero, Israel hubiera sido hallado culpable. ¿Por qué? Porque Dios es santo. Todos somos pecadores y merecemos ser quitados de la presencia de Dios. Todos somos como Faraón, aunque no tengamos el título. Pero Dios, en Su gracia, provee un camino de salvación por medio de la sangre de un sustituto: Jesús, el Cordero de Dios.

¿Por qué era importante que el cordero expiatorio fuera sin mancha? ¿Qué significa ser sin mancha?

La sangre en los postes de las puertas era una declaración pública para que todos la vieran. ¿Cómo influencia esto la manera en que pensamos sobre nuestra fe cristiana?

¿Cuál es la conexión entre nuestra adoración al Cordero y nuestro testimonio del evangelio?

Estudio personal 2

Dios libera a Su pueblo al preservar la vida en medio del juicio.

Lee Éxodo 12:29-32.

En este pasaje sobre la muerte de los primogénitos, vemos el poder redentor de Dios exhibido en un «gran revés». Dios comenzó matando a los hijos primogénitos de Egipto. Concluyó el debate concerniente a quién es Dios con una señal catastrófica. Juzgó a todo Egipto sin distinción, desde el rico hasta el pobre, desde el rey hasta el esclavo. Los llantos en la tierra provenían de todas las familias entre los enemigos de Dios. El destructor anduvo en medio de la nación más poderosa del mundo y la puso de rodillas.

Anteriormente, Dios le había dicho a Moisés: «Y dirás a Faraón: Jehová ha dicho así: Israel es mi hijo, mi primogénito. Ya te he dicho que dejes ir a mi hijo, para que me sirva, mas no has querido dejarlo ir; he aquí yo voy a matar a tu hijo, tu primogénito» (Ex. 4:22-23). Aquí vemos que Dios guardó Su Palabra.

Con la décima plaga, Dios cambió los tantos. Faraón había sancionado un juicio injusto contra los niños hebreos al arrojarlos al Nilo. Ahora, Dios sancionaba un juicio justo contra sus hijos. El juicio de Faraón se volvió contra él y contra su pueblo.

Además, al derribar a los «dioses» de Egipto, en particular al hijo de Faraón, Dios le dijo a Faraón que él no era un dios y que su hijo tampoco lo era. Hay un solo Dios verdadero. Este golpe hirió a Egipto no solo en forma personal a través de la pérdida del hijo de la sucesión, sino también teológicamente, al exhibir el poder de Dios sobre sus dioses.

Deberíamos recordar tanto la severidad como la misericordia de Dios. Todos merecemos esta clase de juicio. Todos somos como Faraón. Algunos piensan que nunca serán juzgados. Creen que pueden pasarse la vida como pequeños faraones, apilando pirámides llenas de cosas, persiguiendo fama y rehusando inclinarse frente al único Dios verdadero. Tristemente, terminarán de manera muy parecida a la de Faraón, a menos que acudan solo a Dios en busca de misericordia.

Y Dios está lleno de gracia y de bondad, listo para derramar Su misericordia gratuitamente sobre la gente, aun en medio del juicio. Aquella oscura noche en Egipto, Dios proveyó una manera para que los israelitas se salvaran y sigue haciéndolo con nosotros hoy. El requerimiento entonces era la sangre de un sacrificio y lo sigue siendo hoy también.

¿Cómo responderemos a esta historia de la Pascua? Primero, debemos recordar que la verdadera libertad viene de Jesucristo, el Cordero de Dios que quita el pecado del mundo (Juan 1:29). Él es el Cordero que nos proporciona total perfección y que nos protege del juicio divino (1 Jn. 2:2; 4:10). Es el Cordero inmaculado, escogido antes de la fundación del mundo (1 Ped. 1:19-20). Es el Cordero cuyos huesos no fueron quebrantados (Juan 19:33-36), el Cordero supremo crucificado durante la Pascua (Mat. 26:17-32). Este Cordero aplica Su sangre a nuestra cuenta (2 Cor. 5:21). Confía solo en Él para la salvación.

Segundo, debemos adorar al Cordero. Si has venido a Él por fe, entonces puedes entonar el cántico de los redimidos (Apoc. 5:11-14). Nuestro Salvador merece toda nuestra alabanza, tanto la alabanza verbal como la que viene de una vida obediente.

Por último, debemos hablarle al mundo del Cordero. Debemos hablarles a todos sobre el juicio que viene y ofrecerles la buena noticia de salvación a través de Jesús, nuestro Cordero sustituto. Hay muchos alrededor del mundo que todavía tienen que oír la buena noticia.

¿Qué nos dice la severidad del juicio de Dios sobre Egipto sobre Su santidad y exclusividad como el único Dios verdadero?

¿Cuáles son algunas maneras en que podemos ser una luz para las naciones mientras proclamamos la gloria del Cordero?

Estudio personal 3

Dios libra a Su pueblo con Su poder.

Lee Éxodo 14:13-28.

Éxodo 14 registra una de las historias más importantes en la Biblia: el cruce del mar Rojo. Dios sacaría a Su pueblo de Egipto por medio del milagro de separar el mar y juzgaría a los egipcios haciendo que el mar se los tragara.

Así es, Faraón dejó ir al pueblo, pero el peligro no había terminado. Apenas los israelitas se habían perdido de vista cuando Faraón cambió de parecer y salió a perseguirlos. Los israelitas se encontraron atrapados entre la espada y la pared: el mar Rojo por un lado y los ejércitos de Egipto por el otro.

Moisés obedeció las instrucciones que Dios le dio (14:16,21), pero piensa en esas instrucciones. Faraón se acercaba, el pueblo estaba aterrorizado y Dios dice: «Levanta tu vara, mueve la mano, ¡y yo abriré las aguas!». ¿Por qué? Una vez más, se repite el tema de la gloria de Dios: «Y yo me glorificaré en Faraón» (14:17). Puede haber parecido absurdo, pero Moisés obedeció.

La liberación de Dios se manifestó mediante la separación de las aguas (14:21), y los israelitas caminaron con seguridad sobre tierra seca (14:22).

¿Puedes imaginarlo? El agua retrocedió para formar una pared a su derecha y a su izquierda (14:22). La idea de «pared» transmite la idea de «ciudad amurallada». Cuando pensamos en esto, podemos pensar en las cataratas del Niágara. Son fabulosas. Sin embargo, la separación de las aguas no fue demasiado difícil para el Señor de toda la creación.

Mientras los egipcios perseguían a los israelitas por entre las paredes de agua, «Jehová miró [...] desde la columna de fuego y nube», majestuosamente exaltado sobre todo (14:24). Los hizo entrar en pánico y quitó las ruedas de sus finos carros (14:24-25). Quisieron huir, pero no pudieron.

Cuando Israel terminó de cruzar el mar, Moisés extendió la mano una vez más, de modo que las aguas cayeron sobre los egipcios y los destruyeron. Fue una aniquilación total. Al amanecer, los israelitas vieron la victoria de Dios, ya que los egipcios fueron tragados cuando el agua volvió a su cauce (14:26-28).

Así como Moisés condujo a su pueblo a través de las aguas de juicio hacia el otro lado, aquellos que están en Cristo pasarán a salvo por las aguas de la muerte hacia el otro lado gracias a Su poderosa resurrección. Esto representa el bautismo: pasar de la muerte a la vida. En el bautismo, decimos: «He muerto con Cristo, he sido sepultado con Él, ¡he sido resucitado con Él!» (ver Rom. 6:1-4).

La verdadera historia del éxodo proporciona un cuadro de lo que nos ha sucedido en la salvación y en la vida cristiana. Esto sucede en la misma manera en que el mar Rojo fue separado: por el poder y la gracia de Dios. Los israelitas fueron librados por el poder de Dios de la esclavitud, por medio de la gracia, por un mediador, al igual que nosotros en Cristo.

¿En qué maneras has visto el poder de Dios luego de un período de esperar para que Dios actuara?

¿Por qué es importante que las acciones salvíficas de Dios a nuestro favor demuestren nuestra debilidad y Su fuerza?

¿Por qué es importante que le demos toda la gloria y la alabanza a Dios por Su salvación en lugar de pensar que hemos contribuido con algo?

Dios establece la adoración de Su pueblo

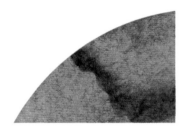

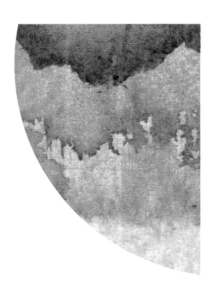
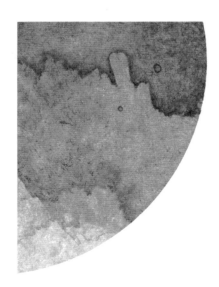

Introducción al estudio

El pueblo de Dios fue librado de la esclavitud y la opresión, no debido a su valor, compromiso o justicia, sino más bien por la misericordia de Dios. Mientras el juicio caía sobre Egipto, el pueblo de Israel fue salvado por medio de un sustituto redentor. Del mismo modo, nosotros solo somos salvos del juicio de Dios a través del Cordero expiatorio de Dios que quita el pecado del mundo.

> ¿En qué somos tentados a confiar, además de en Dios, para nuestra seguridad futura?

El pueblo de Dios había sido testigo del poder divino que los había librado, pero Dios recién estaba comenzando en Su renovada relación con ellos. Él siempre ha deseado vivir en relación con Su pueblo, tanto entonces como ahora, pero Su pueblo necesita que se le enseñe a relacionarse correctamente con Él.

 ¿Por qué es reconfortante saber que Dios desea vivir en relación con Su pueblo?

Marco contextual

El pueblo de Dios había sido milagrosamente **librado de la esclavitud.** Habían experimentado el poder y la gloria de Dios a través de las plagas en Egipto y de la separación del mar Rojo. Pero, a pesar de estos milagros, el pueblo rápidamente se sintió **insatisfecho** al comenzar el viaje hacia la tierra prometida.

> ¿Cómo debería motivar nuestra vida la comprensión del juicio de Dios y nuestra liberación?

Aunque Dios había mostrado Su poder y disposición para proveer para sus necesidades, el pueblo no confió en el modo de Su provisión. Los israelitas se **quejaron** por la falta de alimento y agua, pero el Señor, una vez más, fue fiel en proveer. Dios proveyó el **maná**, una sustancia parecida al pan, que llovía desde el cielo cada mañana y proporcionaba sustento para el pueblo todos los días.

Luego de tres meses, Dios trajo al pueblo al **monte Sinaí**, donde lo adorarían. Se encontró con el pueblo allí, pero ellos quedaron aterrados ante la demostración de Su poder en el trueno, los relámpagos y una densa nube sobre la montaña. Dios le había dicho a Moisés que estableciera un límite alrededor de la montaña, sabiendo que, debido a su pecado, la gente no podría acercarse a Él y vivir. Pero **Dios le dio instrucciones a Moisés y le dio la ley,** de modo que el pueblo pudiera saber cómo adorarlo y vivir de acuerdo a Sus mandamientos. Estas instrucciones incluían la construcción de «**el tabernáculo**» (pág. 35).

 ¿De qué manera la respuesta humana a las leyes revela que el evangelio es el único medio que permite vivir íntimamente con Dios?

✝ Conexión con CRISTO

La ley revela cómo debemos vivir adecuadamente en relación con el Dios santo y con los demás, pero, debido al pecado, es imposible guardar la ley de Dios. Dios envió a Su Hijo, Jesús, para ser un «tabernáculo» o morar con nosotros y, a través de Su vida de obediencia perfecta, de Su muerte y de Su resurrección, se nos perdonan nuestros pecados y se nos acredita Su justicia cuando confiamos en Él.

El **tabernáculo**

- Dios le mostró a Moisés el modelo para el tabernáculo y para todo su mobiliario (Ex. 25:9).

- Dios llenó a Bezaleel y Aholiab con sabiduría y destreza para completar la obra y para enseñar a otros a quienes también se les dio sabiduría y destreza para la construcción del tabernáculo (Ex. 35:30–36:1).

- El pueblo de Israel siguió las instrucciones que el Señor le había dado a Moisés (Ex. 39:32).

Edén		El tabernáculo
Génesis 3:8	La presencia de Dios	Éxodo 40
Génesis 3:24	Entrada que mira al este	Números 3:38
Génesis 3:24	Custodiada por querubines	Éxodo 26:31-35 (Querubines bordados en el velo)
Génesis 2:9	Árbol de la vida	Éxodo 25:31-40 (El candelero de oro)

Discusión en grupo

 Mira el video para esta sesión y continúa con el debate grupal utilizando la guía siguiente.

¿Por qué Dios dio la ley si sabía de antemano que Su pueblo sería incapaz de guardarla?

¿De qué manera el evangelio cambia nuestra perspectiva de la ley dada al pueblo de Dios?

Como cristianos, ¿cómo deberíamos considerar los Diez Mandamientos?

Como grupo, lean Éxodo 20:1-8.

¿Qué tienen en común estos cuatro mandamientos y por qué te parece que están primero en los Diez Mandamientos?

¿Cómo interpretó Jesús estos mandamientos en Mateo 22:34-40?

 ¿Cuál es la conexión entre obediencia y amor?

Todo en la vida comienza con amar al Señor. Cuando amamos al Señor de la manera en que Él lo ordena, la obediencia a los otros mandamientos, incluyendo los que tratan con nuestras otras relaciones, fluyen naturalmente de ese amor. Jesús sabía que la obediencia comienza en el corazón, razón por la cual resumió toda la ley de Dios en términos de amar a Dios y amar a otros.

Como grupo, lean Éxodo 20:12-17.

 ¿De qué manera la forma en que nos relacionamos con otros se conecta con nuestro amor a Dios?

¿Por qué debemos comprender los problemas del corazón detrás de estos mandamientos en lugar de verlos como meros actos externos de obediencia?

La ley de Dios no tiene que ver meramente con la obediencia externa; es un mandamiento de amor. Esto nos lleva cara a cara con la verdadera condición humana: nuestra incapacidad de cambiar nuestros propios corazones. Es por esto que necesitamos el evangelio. Solo a través del evangelio podemos tener un nuevo corazón en Cristo inclinado a amar y obedecer a Dios.

Como grupo, lean Éxodo 40:34-38.

✳ ¿De qué manera la presencia de Dios beneficia a Su pueblo?

¿En qué sentido Dios vive en medio de Su pueblo hoy?

¿Qué beneficios nos trae Su presencia?

Dios mostró Su deseo de estar en medio de Su pueblo al llenar el tabernáculo de Su gloria. Cuando vino el Espíritu Santo en Pentecostés, Dios vino a vivir dentro de cada creyente. El cristiano es el nuevo tabernáculo en el cual mora el Espíritu de Dios, y podemos confiar en que Él nos brinde la guía, el consuelo, la convicción y el empoderamiento para poner en práctica nuestra misión evangelizadora.

✝ ## Aplicación MISIONERA

En este espacio, registra al menos una manera en que puedes aplicar la verdad de la Escritura como tabernáculo para el Espíritu de Dios en este mundo.

Estudio personal 1

Dios da la ley para revelar cómo adorarlo y honrarlo.

Lee Éxodo 20:1-8.

Cuando pensamos en Moisés en el monte Sinaí, pensamos en los Diez Mandamientos. Y deberíamos hacerlo, pero es importante que pongamos estos mandamientos en contexto. Los dos versículos que introducen los Diez Mandamientos (Ex. 20:1-2) ofrecen un conocimiento útil al reafirmarle a Israel el poder y el amor de Dios, preparando la escena para los mandamientos que vendrán. Los Diez Mandamientos no son una lista de reglas de un capataz insensible y rígido; fluyen del corazón de nuestro Padre amoroso. Pero, al mismo tiempo, el amor de Dios por nosotros de ninguna manera compromete o disminuye Su autoridad como Creador. Dios es todopoderoso, como se ve en Su rescate a los israelitas de la esclavitud en Egipto.

Dios le transmitía tranquilidad a Su pueblo diciéndoles que los amaba lo suficiente como rescatarlos y que no los había olvidado. La ley que estaba a punto de darles enfatizaba más aún Su provisión y cuidado. Mientras que la falsa religión frustra a la gente al mantenerla preguntándose cómo apaciguar a sus dioses imaginarios, Dios ama lo suficiente a Su pueblo como para mostrarse a sí mismo y revelar Sus expectativas en la ley. Al hablarle a Israel sobre sí mismo a través de la ley, Dios estaba estableciendo una clara comprensión sobre cómo conocerlo y agradarlo. La ley quitaba cualquier ambigüedad y les mostraba cómo aplicar la santidad de Dios a sus vidas.

Con el primer mandamiento, Dios le recordó a Israel (y a nosotros) que Él merece nuestra completa devoción simplemente debido a quién es. Dios no tiene rival y ha llamado a la gente a demostrar su lealtad no dándole a nadie ni nada una mayor devoción que a Él. En el jardín, Adán y Eva cayeron en la tentación de «ser como dioses». En el primer mandamiento, Dios enderezó lo que el pecado humano había puesto patas arriba. Darle a Dios el lugar que merece justamente en nuestros afectos es necesario para cada acción, pensamiento y relación.

El segundo mandamiento amplifica el primero. En nuestro pecado, nosotros, que somos hechos a imagen de Dios, nos damos vuelta y procuramos hacerlo a Él a nuestra imagen. Creamos ídolos y ponemos en ellos nuestra confianza, con la esperanza de que ellos nos hagan importantes y nos traigan salvación. El deseo de deificar cualquier cosa que no sea Dios proviene de un corazón que siempre está luchando por competir con Él por el primer lugar. Si quedamos librados a nuestros propios recursos, siempre escogeremos exaltarnos a nosotros mismos y hacer que nuestras vidas giren alrededor de cosas que creemos que nos llenarán.

Nuestros corazones necesitan que algo fuera de nosotros los rehaga y los empodere, algo que pueda romper nuestra tendencia pecaminosa a adorar cosas inferiores a Dios. Solo Dios puede rehacernos y Él lo hace a través de Cristo. Parte de la función de la ley es demostrar la futilidad de nuestra lucha por seguir a Dios en nuestras propias fuerzas. No podemos elevarlo a Su lugar adecuado en nuestras vidas sin nacer de nuevo a través de la fe en Cristo.

Tú y yo tal vez no luchemos por hacer estatuas o imágenes de dioses a los cuales darles nuestra atención y devoción, pero deberíamos estar alertas contra la idolatría en sus formas más sutiles. Un ídolo puede ser cualquier cosa o persona a la que le damos el primer lugar en nuestra vida. Los dos primeros mandamientos y los otros que siguen nos recuerdan que Dios es un Dios amoroso y celoso que no tolerará rivales a Su trono. Él debe ser el primero en nuestras vidas.

¿Es posible romper uno de los otros mandamientos sin romper el primero? ¿Por qué sí o por qué no?

¿Cuáles son algunas de las cosas buenas en tu vida con las que luchas para que no se conviertan en un ídolo?

¿De qué manera el poder de Cristo te ayuda a mantener estas cosas en una perspectiva adecuada?

Estudio personal 2

Dios da la ley para revelar cómo amarnos unos a otros.

Lee Éxodo 20:12-17.

El versículo 12 sirve como una bisagra para los Diez Mandamientos. El primer conjunto de mandamientos trata directamente con la manera en que amamos y honramos a Dios; este segundo conjunto de mandamientos trata con nuestras relaciones con los demás. Pero debemos tener cuidado de entender cómo encajan juntas estas dos categorías de mandamientos. La Biblia nos muestra una y otra vez que la manera en que tratamos a los demás surge de nuestro amor a Dios. No podemos decir que amamos a Dios si no amamos a los demás y no podemos amar adecuadamente a otras personas si el amor de Dios no satura nuestras mentes y corazones. Entonces, cuando llegamos a estos mandamientos, deberíamos entender que, aunque no se refieran explícitamente a nuestra relación con Dios, no obstante dependen de ella.

Tiene sentido que el quinto mandamiento, la bisagra, hable de la familia, ya que Dios creó la familia como el centro de las relaciones humanas. Dios nos llama a honrar a nuestros padres en respuesta al amor redentor de Dios por nosotros. Aunque todos los padres humanos son pecadores, Dios no nos llama a juzgar la dignidad de nuestros padres y luego decidir si los honramos o no. Nos llama a honrarlos como una manera de honrarlo a Él, de reconocer Su autoridad en nuestras vidas.

El siguiente mandamiento es claro y conciso. El asesinato, y la motivación que yace detrás, se condena como un pecado porque ignora el valor inherente de la vida humana. Cuando juzgamos el valor de una persona mediante cualquier estándar (tal como el intelecto, la habilidad o nuestra definición de «integridad»), en lugar de reconocer que todos son de igual valor como portadores de la imagen de Dios, somos culpables de rechazar la inherente dignidad que el Creador nos ha dado a todos. Le robamos a Dios el derecho a adjudicar valor y reclamamos ese poder para nosotros.

La prohibición contra el adulterio está arraigada en el diseño original de Dios para la expresión sexual, que debe reservarse para el matrimonio. El adulterio daña la familia y destruye el sagrado refugio que Dios desea que sean los hogares. Por más perjudiciales que sean estos daños, existe una razón aún más importante por la cual el adulterio es un pecado dañino. El pacto matrimonial es sagrado y es una figura terrenal de la relación de Jesús con Su iglesia. Jesús es el novio fiel y amoroso que ha entrado en un lazo íntimo con el pueblo que ha redimido. Nuestros matrimonios pretenden mostrarle al mundo una lección objetiva y viviente del amor y la fidelidad de Cristo. El adulterio destruye ese cuadro.

El octavo mandamiento prohíbe robar, lo cual cubre un amplio rango de prácticas deshonestas que nacen de un corazón fascinado por las posesiones en lugar de por Aquel de quien provienen todas las cosas buenas (Sant. 1:17). Cada vez que nos comportamos deshonestamente con los demás, que engañamos a nuestros empleadores o a nuestros empleados, o que plagiamos o participamos del hurto. Nuestra disposición a robar también traiciona nuestra falta de confianza en la continua provisión de Dios para nuestras necesidades.

El noveno mandamiento nos prohíbe dar falso testimonio contra nuestro prójimo. A lo largo del Antiguo Testamento, Dios expresa Su aborrecimiento por los labios mentirosos y declara que la veracidad es un requerimiento para Su pueblo (Sal. 5:6; Prov. 6:16-19; comp. Sal. 15). Como Él es un Dios que dice la verdad, Su pueblo también debe decir la verdad, siempre.

Respecto a cada uno de estos mandamientos, posteriormente en el Nuevo Testamento, Jesús profundizaría nuestra comprensión de ellos. En Su enseñanza, Jesús dejó en claro que el asesinato, el adulterio, el robo y la mentira no son solo actos físicos de desobediencia; las pasiones en el corazón que impulsan estas acciones son igualmente pecaminosas.

En resumidas cuentas, necesitamos un nuevo corazón si queremos obedecer estos mandamientos. Y la única manera en que podemos tener un nuevo corazón es a través del poder transformador del nuevo nacimiento en Jesucristo.

¿Por qué es importante que comprendamos todo el alcance de estos mandamientos que nos hablan a nuestro corazón pecador como Jesús enseñó?

¿Cuál de estos mandamientos te trae mayor convicción de pecado? ¿Por qué?

Estudio personal 3

Dios llena el tabernáculo con Su presencia.

Lee Éxodo 40:34-38.

Los israelitas partieron de Egipto el día quince del mes primero. Llegaron a Sinaí a las pocas semanas y poco después recibieron los Diez Mandamientos (Ex. 19:1; Núm. 33:3). Luego recibieron más leyes y comenzaron a construir el tabernáculo como Dios había ordenado. A esta altura, había pasado casi un año desde el éxodo.

Cuando todo estuvo listo, Moisés hizo erigir el tabernáculo «en el día primero del primer mes, en el segundo año» (Ex. 40:17). La tienda se levantó en el centro del campamento israelita, patrón que seguirían a lo largo de todos sus viajes por el desierto (Núm. 2:2). Moisés dirigió la consagración (la separación para su propósito sagrado) de cada artículo del tabernáculo, ungiéndolo con aceite (Ex. 40:9-11). Aarón y sus hijos fueron separados de manera similar como sacerdotes (40:12-15). Éxodo 40 proporciona múltiples recordatorios de que Moisés hizo todo lo concerniente a la dedicación del tabernáculo como el Señor había ordenado (40:16,19,21,23,25,27,29,32).

Anteriormente, Dios les había manifestado Su presencia a los israelitas en una columna de nube. Una nube también podía verse sobre la tienda temporaria de reunión fuera del campamento israelita, donde Moisés y el Señor conversaban (13:21; 33:7-11). Pero ahora, algo nuevo y fantástico sucedió. Dios apareció visiblemente en el corazón del campamento por encima del tabernáculo, la tienda de reunión recién construida.

Dos veces en estos versículos, se enfatiza «la gloria de Jehová». El término traducido «gloria» transmite ideas tanto de «peso» como de «brillo». En referencia al Dios de Israel, la gloria se refería a la abrumadora manifestación de Su presencia.

En definitiva, el resplandor dentro del tabernáculo disminuía para que los sacerdotes pudieran cumplir con sus responsabilidades en la tienda de reunión. No obstante, la nube permanecía por encima del tabernáculo como evidencia permanente de la presencia de Dios en el campamento israelita.

Toda la sección del tabernáculo en Éxodo, pero en particular estos versículos finales, prueban concluyentemente que Dios quería estar con Su pueblo y que ellos supieran que Él estaba con ellos. Lo mismo sucede hoy. La mayor evidencia de esta verdad es la encarnación: Dios mismo adquirió la forma humana.

En la historia de Israel, el tabernáculo móvil a su tiempo fue seguido por un templo permanente. Ambas estructuras se interpretaban como la morada terrenal del Señor. Por cierto, en todo el mundo antiguo, un «templo» era la casa de un dios. El templo de Israel nunca tuvo una imagen física de Dios, como las tenían los templos paganos, pero funcionaba como el lugar, el santuario, donde la santa presencia del Señor se manifestaba.

El apóstol Pablo usó este lenguaje para recordar a los cristianos primitivos, y recordarnos a nosotros, que el Espíritu de Dios mora dentro nuestro. Por tanto, somos el templo de Dios, de modo que manifestamos Su presencia a otros en el mundo. Como escribió Pablo: «¿No sabéis que sois templo de Dios, y que el Espíritu de Dios mora en vosotros?» (1 Cor. 3:16). Aquí, como en otros pasajes, se refiere a todos los creyentes (ver también 1 Cor. 6:19; Ef. 2:21-22). La presencia de Dios dentro de cada uno de nosotros es lo que nos une como un pueblo en el nombre de Jesucristo.

¿Qué te enseña la presencia de Dios entre los israelitas sobre Su deseo de morar en medio de ti y de tus hermanos cristianos?

Considérate un minitabernáculo. ¿De qué maneras ves la gloria de Dios en tu vida?

¿Existe alguna evidencia visible o sensorial de la presencia de Dios en ti y a través de ti? ¿Por qué sí o por qué no?

El pueblo de Dios se rebela

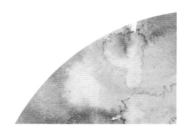

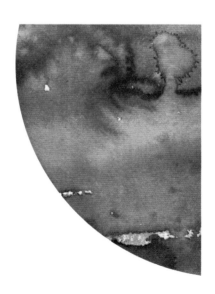
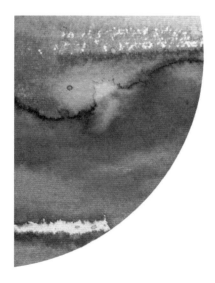

Introducción al estudio

El Señor dejó en claro cómo Su pueblo debía adorarlo y honrarlo, y cómo debían relacionarse con otros pueblos como portadores de la imagen de Dios. La claridad de la ley de Dios también reveló que, como estamos corrompidos por el pecado, nunca podemos guardarla a la perfección. Entonces, la ley evidencia nuestra desesperante necesidad de una respuesta externa a nosotros para nuestro problema del pecado. Necesitamos a Alguien que viva rectamente a nuestro favor.

 ¿Por qué debemos ver nuestra incapacidad de guardar la ley para entrar en una adecuada relación con Dios?

La ley no solo revela nuestro pecado, sino también el perfecto carácter de Dios. Dios requiere justicia para que los seres humanos vengan a Su presencia debido a Su propia santidad. Pero así como la santidad de Dios corre por cada parte de Su ser, también el pecado ha teñido cada parte de la experiencia humana.

¿Por qué es adecuado decir que cada ser humano fue, en algún momento, un rebelde en esencia?

Marco contextual

La segunda mitad del **libro de Éxodo** muestra al pueblo de Dios liberado que recibe instrucciones sobre cómo vivir correctamente con Dios y con los demás. En **Levítico y Números**, vemos cómo Dios expande Su ley y refuerza el aspecto de que el pueblo no debe venir a Dios según sus términos, sino según los de Él porque Él es santo. A la luz de esto, Dios dio instrucciones sobre la adoración y los sacrificios, y descripciones de trabajos para diferentes roles en la comunidad.

 ¿De qué maneras la ley nos señala a Cristo?

Pero a pesar de toda la provisión, la presencia y la instrucción de Dios, **las quejas del pueblo** que habían comenzado apenas hubo terminado el cruce del mar Rojo se intensificaron, incluso en los labios de Aarón y María, dos pilares de la comunidad israelita y hermanos de Moisés. Pero el pueblo no murmuraba meramente contra Moisés; en definitiva, levantaban sus puños hacia Dios, el que había designado a Moisés y le había dado Su autoridad. Ninguna de estas murmuraciones escapó de la atención ni de la disciplina del Señor.

¿De qué manera la bondad de Dios revela el verdadero mal de la rebelión contra Él?

«El viaje a la tierra prometida» (pág. 47) muestra que, por fin, el pueblo llegó al borde de la tierra de Canaán, la tierra que Dios le había prometido a su antepasado Abraham. Parado sobre el límite sur de esta tierra, el pueblo ahora se enfrentaba a una elección. ¿Confiarían en Dios aun frente a la adversidad o se volverían atrás debido a su falta de fe?

✝ Conexión con CRISTO

El pueblo de Dios se rebeló contra Él, se negó a entrar a la tierra que Él le había dado y murmuró contra Su provisión, así que Él los castigó por su continua desobediencia. Debido a nuestro pecado, nosotros también merecemos que Dios nos castigue, pero Él proveyó un camino de salvación para nosotros a través de Jesús. Cuando miramos con fe a Jesucristo levantado en alto en la cruz, somos salvos del castigo de nuestro pecado.

El viaje *a la* tierra prometida

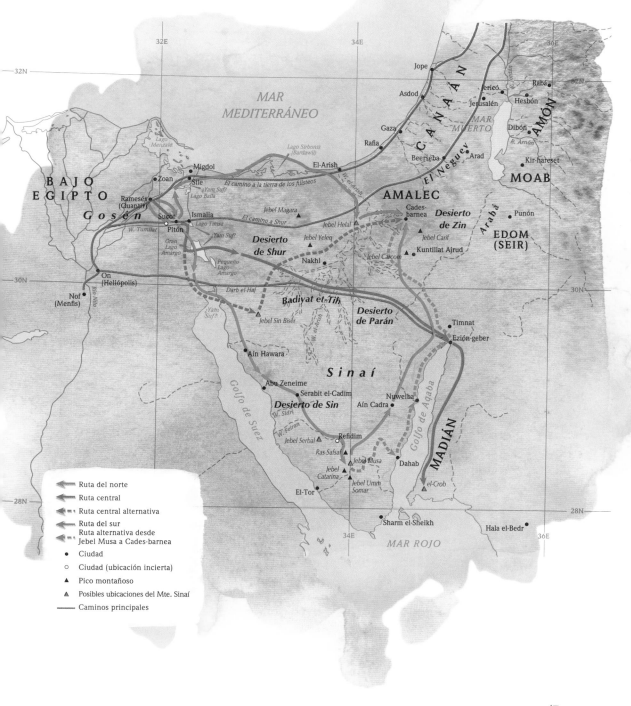

Leyenda:

- ⬅ Ruta del norte
- ⬅ Ruta central
- ⬅ Ruta central alternativa
- ⬅ Ruta del sur
- ⬅ Ruta alternativa desde Jebel Musa a Cades-barnea
- • Ciudad
- ○ Ciudad (ubicación incierta)
- ▲ Pico montañoso
- ▲ Posibles ubicaciones del Mte. Sinaí
- — Caminos principales

Discusión en grupo

 Mira el video para esta sesión y continúa con el debate grupal utilizando la guía siguiente.

¿Por qué el pecado no es solo un acto físico, sino también una acusación contra el carácter de Dios?

¿Cuáles son algunas de las respuestas que la gente puede dar al ofrecimiento de Dios de gracia en medio del juicio?

Como grupo, lean Números 13:1-2,30-33.

 ¿Cómo se relaciona el pecado con nuestra fe?

¿Alguna vez has estado en una situación como esta, cuando era difícil ejercer la fe debido a lo que tus sentidos te decían?

¿Cuáles son algunas promesas de Dios que necesitamos recordar cuando es difícil confiar en Él?

Cuando los espías vieron el tamaño de los habitantes de la tierra, su confianza en Dios se evaporó. Este es el comienzo de la rebelión: cuando empezamos a dudar de la provisión y de las promesas de Dios. Las circunstancias tienen un modo de lograr esto; nuestros sentidos nos dicen que lo que sabemos por fe no es posible que sea verdad. Es por esto que la esencia de la fe no está en lo que vemos, sino más bien en mirar más allá de lo que vemos.

Como grupo, lean Números 14:1-4,30-35.

 ¿Qué mentiras sobre el carácter de Dios creyó el pueblo aquí?

¿Cómo podemos vernos tentados a creer mentiras similares?

¿De qué maneras el pecado siempre afecta a otros más allá de nosotros?

Cada pecado que cometemos puede atribuirse a un fracaso en creer correctamente en Dios. Los hijos de Israel cuestionaron el amor, la sabiduría y el poder de Dios, lo que llevó a toda la comunidad a consecuencias de larga duración. En esto vemos que, aunque podamos tomar la decisión de pecar como individuos, las consecuencias del pecado siempre van más allá de nosotros y salpican a otros.

Como grupo, lean Números 21:4-9.

> ¿Por qué las quejas del pueblo eran tan graves? ¿De qué acusaban a Dios una vez más?

> ¿Cómo ves tanto la justicia como la misericordia de Dios en este relato?

✱ ¿De qué manera estos versículos nos recuerdan el evangelio?

El juicio por el pecado es real y el castigo por el pecado es la muerte. Pero, aun en el juicio, Dios es misericordioso para proveer un camino de salvación. El pueblo se salvó al mirar la serpiente de bronce que se levantaba. De la misma manera, nosotros solo podemos ser salvos al volvernos a Jesús, que fue levantado en una cruz para pagar el castigo por nuestro pecado.

✝ Aplicación MISIONERA

Registra, en este espacio, al menos una manera en la que aplicarás la verdad de la Escritura como alguien que mira a Jesús en fe para la salvación del pecado y la vida eterna.

Estudio personal 1

La rebelión comienza al ignorar la provisión y las promesas de Dios.

Lee Números 13:1-2,30-33.

El Señor una vez le dijo a Abraham que haría un gran pueblo de sus descendientes (la nación de Israel), que les daría una gran tierra (Canaán) y les proporcionaría grandes bendiciones para ellos y para que transmitieran (Gén. 12:1-3). Siglos después, el Señor estaba listo para llevar a Su pueblo a esa tierra, pero ellos decidieron enfocarse en los aparentes obstáculos en el camino en lugar de en las promesas de Dios.

Los espías que entraron en la tierra para explorarla no eran hombres comunes. En cambio, Dios quería líderes de cada tribu para que hicieran el trabajo de reconocimiento. Serían testigos de la bondad de la provisión de Dios en la tierra y se lo informarían de regreso al pueblo. Luego, actuando en fe, el pueblo avanzaría para reclamar lo que Dios le había prometido.

La primera parte del informe de los espías podría resumirse así: «¡Es mejor de lo que pueden imaginarse!». Los recursos naturales de la tierra no se parecían a nada que hubieran visto antes. Al haber vivido todas sus vidas en la esclavitud egipcia con un breve lapso en el desierto, semejante abundancia sin duda les resultaba abrumadora, como si los hubieran arrojado en un restaurante bufet norteamericano. La abundante tierra dada a Abraham ahora estaba a disposición de la nación de sus descendientes.

Pero como suele suceder en el Antiguo Testamento, los israelitas flaquearon en su fe. Luego de describir la tierra como más de lo que esperaban, el informe de los espías dio un giro mientras describían por qué era imposible poseerla. Palabras como *enorme, fuerte* y *fortificada* estaban en la primera línea de las mentes de los espías. Veían una fuerza inconquistable delante de ellos. Quitaron los ojos de la promesa y la pusieron en sus enemigos. Al llegar al final del informe, no se estaban concentrando en el poder de Dios, ni siquiera en la belleza de la tierra, sino que estaban obsesionados con la ventaja que percibían en sus habitantes.

Los espías habían visto de primera mano lo que recibirían si se cumplía la promesa, pero el temor al enemigo hizo que perdieran la fe. Habían soltado su identidad como pueblo de Dios. Olvidaron quiénes eran: el pueblo de la promesa, salvados por el único Dios verdadero que les había encomendado tomar la tierra que tenía para ellos. En cambio, miraron a aquellos soldados verdaderamente inmensos y se evaluaron a sí mismos como «langostas» en comparación (v. 33), como si ellos solos, sin Dios, tuvieran que conseguir la victoria.

Se describían a sí mismos «como langostas», pero no era la manera en que el Señor los hubiera descrito. Para Dios, ellos eran Sus hijos librados de la esclavitud y listos para apoderarse de la tierra de la promesa. Esto nos muestra que el fracaso de la fe es, a la vez, perder la fe en el poder de Dios y perder tu identidad como hijo en la historia de redención de Dios.

Solo a través de la fe en Dios y en Su obra obtenemos una verdadera comprensión del mundo y de nosotros. Debido a la obra redentora de Cristo a nuestro favor, nuestra identidad ha cambiado. Ya no somos un enemigo, un extraño, un rebelde o un perdido en la oscuridad. En cambio, somos miembros de la familia de Dios, Sus embajadores para Cristo, hijos de la luz.

Frente a los peligros en la tierra prometida, los espías perdieron su fe. Solo Caleb y Josué mantuvieron la fe y estuvieron listos para seguir adelante, pero sus compañeros espías los superaban en número, quienes creían que las ciudades fortificadas eran demasiado grandes aun para que Dios las venciera.

¿A qué recurres en busca de fuerza cuando tu fe flaquea? ¿Por qué?

¿Cuándo te enfrentaste a una circunstancia difícil similar a un momento cuando Dios te libró en el pasado?

¿Reflexionar sobre la obra de Dios en tu vida en el pasado te dio fuerza para la prueba presente? ¿Por qué sí o por qué no?

Estudio personal 2

La rebelión impacta sobre otros y tiene consecuencias.

Lee Números 14:1-4,30-35.

¿Cómo respondió el pueblo una vez que su fe comenzó a flaquear? No reflexionaron en lo que Dios había hecho en el pasado ni miraron hacia delante a la futura promesa divina. Se sintieron vencidos por el momento y paralizados por su temor a la muerte y por la desesperación.

Cuando los líderes perdieron la fe, el pueblo de Israel se enfrentó a una crisis. Una vez que la mayoría de los espías dijeron que no había esperanza, los israelitas pasaron de la duda al duelo y a la rebelión descarada. En el fragor del momento, la rebelión del pueblo se intensificó. Tomaron la posición, que solo podría describirse como ridícula, ¡de que estarían mucho mejor muertos! El pueblo consideró los méritos de haber muerto como esclavos en Egipto o de haber muerto en el desierto de camino a la tierra prometida. ¡Deseaban la seguridad de la muerte por encima de la posibilidad de la muerte!

Aquí hay una advertencia para nosotros: la pérdida de la fe incluye una pérdida de sentido común. Desear la muerte cuando estás al borde de la promesa de Dios es el resultado de un corazón sin fe.

En ese momento, escoger la esclavitud o la muerte parecía una mejor opción. Estaban listos para apedrear a muerte a Moisés, Aarón, Josué y Caleb, y luego probar suerte cruzando el desierto de regreso a Egipto. Su elección estaba basada en una falta de memoria. Todo lo que Dios había hecho, de algún modo, ya no estaba en sus mentes. Olvidaron el poder de Dios exhibido en el pasado como también la promesa de Dios para su futuro.

La obra de Dios en el pasado no es algo solo para los libros de historia. Es la seguridad de lo que Él puede hacer en tus circunstancias presentes. Como la iglesia, nosotros también debemos mirar nuestras circunstancias presentes desde el punto de vista de la obra de Dios en el pasado y Su promesa para el futuro.

Y más aún, la elección del pecado no solo nos afecta a nosotros; hay otros que también tienen que enfrentar las consecuencias de nuestra rebelión. Esto requiere un cambio en nuestro pensamiento porque tendemos a pensar en el pecado como algo con lo que nosotros debemos tratar. Nosotros solos tomamos la decisión y, por lo tanto, nosotros solos soportamos las consecuencias.

Pero cuando continuamos leyendo el relato, vemos que las consecuencias del pecado del pueblo se extendieron mucho más allá de ellos y llegaron a sus hijos. Este es el verdadero camino del pecado. Aunque podamos tomar una decisión aislados, habrá otros que siempre sentirán el efecto. Por ejemplo, si tomamos la decisión de participar en la inmoralidad sexual, nuestras familias finalmente sentirán los efectos devastadores. O, si tomamos la decisión de no honrar a Dios con nuestro dinero, la iglesia se verá limitada en su habilidad para llevar adelante la misión de Dios. Tal es el caso con el enojo, la amargura, los celos y cualquier otro patrón pecaminoso que desarrollemos.

Como nuestras vidas están naturalmente entrelazadas con las de otros, nuestras decisiones nunca están limitadas solo a nosotros. Siempre se ramificarán hacia las vidas de otros, ya sea para bien o para mal.

¿Cuándo es más probable que tus sentimientos y tus miedos superen a tu fe?

¿Puedes ver los efectos del pecado de otros en tu propia familia? ¿En qué forma esto es una advertencia aleccionadora para ti?

Estudio personal 3

La rebelión conduce al castigo, pero Dios proporciona un camino de salvación.

Lee Números 21:4-9.

El pueblo israelita tenía la esclavitud a sus espaldas. Pero debido a sus corazones incrédulos, tenían el sufrimiento ante sí. Dios quería que entraran a la tierra que fluía leche y miel. Pero los israelitas prefirieron creer en las circunstancias agobiantes del momento en lugar de hacerlo en el soberano Dios que los guiaba. El pueblo vagó durante 40 años por el desierto; pero en el camino, se le proveyó todo lo que necesitaba. Sin embargo, incluso después de todo este tiempo, los israelitas rechazaron esta misericordiosa provisión de Dios.

La rebelión del pueblo en esta instancia aparece en una sencilla palabra: *impaciencia*. El grupo de gente que había sido librada, alimentada y vestida milagrosamente por Dios, ahora se volvía contra Él. En esencia, levantaban un puño contra Dios, en una actitud infantil, porque no les gustaba la comida que Él les proporcionaba.

El pueblo superó ampliamente la duda. Acusó a Dios y a Moisés de traición. Se imaginó que Dios intencionalmente lo había sacado de Egipto con el expreso propósito de matarlo en el desierto. Fue una rebelión de proporciones épicas. Al pronunciar semejante declaración, el pueblo mostró que dudaba del carácter de Dios y de Su Palabra.

Allí en el desierto, el pueblo estaba replicando el pecado de Adán y Eva en el jardín. Eva cedió a la tentación de dudar de la veracidad de Dios. Más aún, dudó de que el Señor deseara lo mejor para ella. Los israelitas se pusieron en la misma posición. Su impaciencia reveló una falta de confianza en la bondad de Dios.

Como respuesta a su rebelión, Dios actuó rápidamente y los castigó. Fue la clase de castigo que impartiría miedo al corazón de cualquier persona. De repente, aparecieron serpientes venenosas en el campamento. Mordían. Infectaban. Mataban. A los lectores modernos les puede resultar difícil leer sobre el castigo que se impartió por el pecado, pero la Escritura es clara: como Dios se ha comprometido a redimir y restaurar todas las cosas, el pecado debe ser castigado y aniquilado. Sucesos como este nos recuerdan la costosa naturaleza del pecado. Los israelitas tuvieron que aprender una vez más que el pecado conduce a la muerte.

Una vez que Dios oyó el clamor penitente del pueblo, proveyó un camino de restauración a través de su fe. En un acto de ironía divina, Dios le indicó a Moisés que hiciera una serpiente de bronce y que la colocara sobre una vara. Si aquellos mordidos por las serpientes que estaban sobre el suelo miraban a la serpiente que había sido levantada, se sanarían.

La palabra para «mirar» en hebreo no significa una mirada casual ni un vistazo rápido. Más bien, indica fijar la mirada en algo o mirarlo atentamente. Los israelitas debían concentrar la atención de su mente y el afecto de su corazón en la provisión de Dios. Y esta es precisamente la manera en que recibimos la misericordia hoy para nuestra propia rebelión.

No fijamos nuestra mirada en una serpiente de bronce, pero sí fijamos nuestros ojos en otra cosa levantada: la cruz donde colgaron a Jesús. Solo si volvemos nuestra atención a la cruz y comprendemos que Jesús murió en nuestro lugar, podemos ser curados del venenoso pecado que corre por cada parte de nuestro ser.

Dios escogió el símbolo de su castigo por el pecado como el instrumento de Su misericordia. De manera similar, la cruz, un símbolo de culpa y vergüenza, se convierte en un instrumento de la misericordia de Dios para nosotros.

¿Cuál es la importancia del mandamiento de Dios al pueblo de mirar con atención la serpiente?

¿Qué verdades debía considerar el pueblo?

Dios le da a Su pueblo la tierra prometida

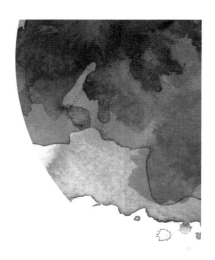
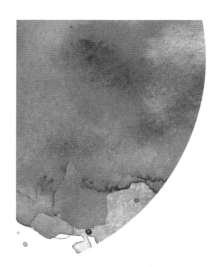

Introducción al estudio

La rebelión está en el corazón de cada ser humano. A pesar de la buena provisión y de las promesas de Dios, nuestra inclinación natural es a rechazarlo como nuestro Señor y procurar vivir según nuestros propios términos. Debido a esto, al igual que los israelitas, merecemos el juicio divino de Dios y necesitamos Su misericordia.

 ¿Cómo podemos vernos tentados a quejarnos de la provisión de Dios?

A pesar de nuestra rebelión, la misericordia y la gracia de Dios son interminables. Así como Dios prometió pelear a favor de los israelitas si tan solo ellos confiaban en Él, también ha peleado a nuestro favor contra los terribles enemigos que son el pecado y la muerte, y ha ganado a través de la muerte y la resurrección de Jesús.

¿Qué impacto tiene que Dios haya luchado y luche por nosotros sobre la manera en que vivimos cada día?

Marco contextual

El Dios de Abraham, Isaac y Jacob guarda Sus promesas. Así como le prometió a Abraham una tierra que pertenecería a sus descendientes, les prometió a esos rebeldes descendientes que **vagarían durante 40 años** por el desierto hasta que toda la generación hubiera muerto. Esto fue precisamente lo que sucedió.

 ¿Cuáles son algunos de los patrones que revelan nuestro fracaso para confiar en la habilidad de Dios y en Su disposición para luchar por nosotros?

A lo largo de aquellos años, el Señor continuó guiando a Su pueblo a través de **Moisés**. Pero, al igual que el resto de su generación, Moisés se rebeló contra Dios en el desierto de Zin. Como resultado de su pecado, Moisés no sería el que los guiaría a la tierra prometida.

Era hora de que surgiera un nuevo líder: **Josué**, hijo de Nun. Josué había sido un líder militar para los israelitas. También fue uno de los dos espías que confiaron en que el Señor les entregaría a los cananeos, a pesar de ver su gran tamaño y fuerza. Además, Josué había acompañado a Moisés mientras hablaba con Dios. Entonces, ante la orden de Dios, Moisés le confirió, antes de morir, la autoridad a Josué como el nuevo líder sobre Israel.

Con una nueva generación y un nuevo líder, los israelitas se pararon nuevamente al borde de la tierra prometida y una vez más tuvieron que decidir si confiarían o no en que Dios lucharía por ellos. **«La conquista de la tierra prometida»** (pág. 59) muestra que, en general, lo hicieron.

¿Cuáles son algunas cosas que has aprendido de los errores que cometieron tus padres? ¿Cuáles son algunas maneras en que seguiste sus pasos?

✝ Conexión con CRISTO

El valle de Acor es un escalofriante recordatorio del pecado y de sus consecuencias, pero Dios más adelante promete convertirlo en una «puerta de esperanza» (Os. 2:14-15). La paga del pecado es muerte, pero la dádiva de Dios es vida eterna en Cristo Jesús nuestro Señor, que ha ganado nuestra victoria a través de Su fiel obediencia.

La **conquista** *de la* **tierra prometida**

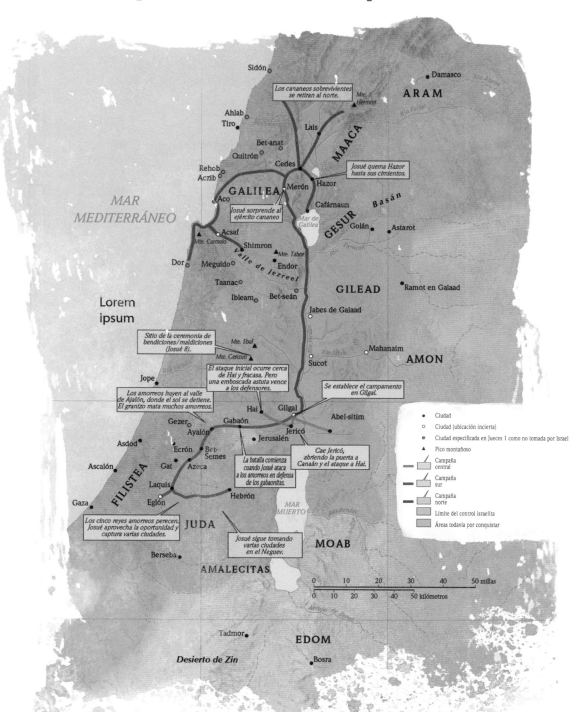

Sidón

Damasco

ARAM

Río Abana

Los cananeos sobrevivientes se retiran al norte.

Mte. Hermón

Ahlab
Tiro

Lais

MAACA

Río Farfar

Bet-anat

Quitrón

Cedes

Josué quema Hazor hasta sus cimientos.

Rehob
Aczib

Merón

Hazor

GALILEA

Merón

Aco

Josué sorprende al ejército cananeo

Cafárnaun

GESUR

Basán

MAR MEDITERRÁNEO

Acsaf

Mar de Galilea

Golán

Astarot

Mte. Carmelo

Shimrón

Mte. Tabor

Dor

Meguido

Valle de Jezreel

Endor

Río Yarmuk

GILEAD

Ramot en Galaad

Taanac

Ibleam

Bet-seán

Lorem ipsum

Jabes de Galaad

Sitio de la ceremonia de bendiciones/maldiciones (Josué 8).

Mte. Ebal

Río Jaboc

Mahanaim

Mte. Gerizim

AMON

El ataque inicial ocurre cerca de Hai y fracasa. Pero una emboscada astuta vence a los defensores.

Sucot

Jope

Los amorreos huyen al valle de Ajalón, donde el sol se detiene. El granizo mata muchos amorreos.

Hai

Gilgal

Se establece el campamento en Gilgal.

Abel-sitim

Gezer

Gabaón

Ayalón

Jericó

Asdod

Ecrón

Bet-Semes

Jerusalén

Cae Jericó, abriendo la puerta a Canaán y el ataque a Hai.

Ascalón

Gat

Azeca

FILISTEA

La batalla comienza cuando Josué ataca a los amorreos en defensa de los gabaonitas.

Laquis

Gaza

Eglón

Hebrón

MAR MUERTO

Río Arnón

Los cinco reyes amorreos perecen. Josué aprovecha la oportunidad y captura varias ciudades.

JUDA

Josué sigue tomando varias ciudades en el Neguev.

MOAB

Berseba

AMALECITAS

Arroyo de Zered

Tadmor

EDOM

Desierto de Zin

Bosra

•	Ciudad
○	Ciudad (ubicación incierta)
◉	Ciudad especificada en Jueces 1 como no tomada por Israel
▲	Pico montañoso
	Campaña central
	Campaña sur
	Campaña norte
	Límite del control israelita
	Áreas todavía por conquistar

0 10 20 30 40 50 millas

0 10 20 30 40 50 kilómetros

Discusión en grupo

 Mira el video para esta sesión y continúa con el debate grupal utilizando la guía siguiente.

¿Por qué piensas que el pueblo estaba dispuesto a seguir adelante a esta altura, cuando sus padres se habían vuelto atrás 40 años antes?

¿En qué manera conquistar la tierra prometida era consistente con la promesa de Dios de bendecir a todas las naciones de la tierra a través de los descendientes de Abraham?

Como grupo, lean Josué 6:1-5.

Ponte en el lugar de Josué. ¿Cómo hubieras reaccionado cuando oías el plan de Dios para conquistar Jericó?

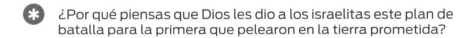 ¿Por qué piensas que Dios les dio a los israelitas este plan de batalla para la primera que pelearon en la tierra prometida?

¿Qué le estaba demostrando Dios a Su pueblo y al pueblo que habitaba la tierra prometida a través de la batalla de Jericó?

Seguramente fue un plan de batalla extraño para Josué, un líder militar. Basándose en la cantidad de veces en que había oído repetir la frase «Esfuérzate y sé valiente», tal vez Josué incluso se preguntaba cuál sería la sabiduría de semejante plan. Pero Dios quería demostrarle a Su pueblo que Él lucharía por ellos si tan solo confiaban. Además, quería que la batalla se ganara de una manera que le trajera toda la gloria a Él.

Como grupo, lean Josué 7:1-12,24-26.

 ¿Qué te muestra este relato respecto a la naturaleza destructiva del pecado?

¿Cómo nos sirve de advertencia esta historia?

Comparada con Jericó, la conquista de Hai tendría que haber sido fácil. Pero el pecado de un hombre, Acán, condujo a la derrota en lugar de la victoria. El pecado de Acán nos recuerda que el pecado nunca es verdaderamente secreto y nunca queda sin consecuencias, tanto para nosotros como para aquellos cercanos a nosotros. Dios no dejará el pecado sin castigo y, a Su tiempo, arreglará todas las cuentas.

Como grupo, lean Josué 8:1-2.

 ¿Qué es alentador respecto a esta palabra del Señor, en especial a la luz de la derrota anterior de Israel?

¿Por qué puede ser reconfortante esta palabra de ánimo para el cristiano de hoy?

Dios no dejará el pecado sin castigo, pero Dios también está dispuesto a tratar con el pecado y a seguir adelante. Esto es inmensamente alentador para los cristianos de hoy porque podemos confiar en que nuestro pecado ha sido tratado por Jesús y que Dios no lleva un registro de nuestras faltas.

✝ Aplicación MISIONERA

En este espacio, registra al menos una manera en que puedes aplicar la verdad de la Escritura como creyente firme y valiente en Cristo Jesús, que lucha contra Sus enemigos a favor de Su pueblo.

Estudio personal 1

Dios le da a Su pueblo la victoria sobre sus enemigos.

Lee Josué 6:1-5.

Al comienzo de Josué 6, sabemos que Dios ha prometido victoria en la tierra prometida. Pero el plan que reveló para la primera batalla no tenía lógica racional. No ofrecía seguridad de una conquista militar. No tenía nada que ver con el poder militar ni incluía armas comunes de guerra.

La ciudad de Jericó estaba asegurada. Sus puertas estaban cerradas firmemente porque los habitantes tenían temor de Josué y de los israelitas. A ningún ciudadano de Jericó se le permitía salir de la ciudad, y el rey de Jericó y su ejército se estaban preparando para impedir que los israelitas entraran en la ciudad.

En el capítulo 2, el narrador nos permite oír las palabras de Rahab, la ramera, que les dijo a los espías israelitas: «Oyendo esto, ha desmayado nuestro corazón; ni ha quedado más aliento en hombre alguno por causa de vosotros, porque Jehová vuestro Dios es Dios arriba en los cielos y abajo en la tierra» (Jos. 2:11). El Dios que pelea por Israel tiene una llave maestra para todas las puertas en el universo y puede abrir puertas que están cerradas (Apoc. 3:7), incluso las de Jericó. Por eso vemos al Señor reiterando en Josué 6 lo que ya dijo en forma general en Josué 1:3: «Yo os he entregado, como lo había dicho a Moisés, todo lugar que pisare la planta de vuestro pie».

¡Pero qué extraño plan de batalla! ¿Cómo podía ser que la marcha alrededor del muro de Jericó una vez durante seis días y siete veces el séptimo día pudiera derribar el gigantesco muro que era lo suficientemente ancho, según el antiguo historiador Josefo, para que pasaran dos carros uno junto al otro sin caerse? ¿Puedes imaginarte a los sacerdotes mientras escuchaban a Josué dando las instrucciones divinas? Es probable que se preguntaran si Josué estaba oyendo a Dios tan bien como Moisés lo había oído. ¡Seguramente Josué se había perdido una parte de las instrucciones divinas!

Dios le dio a Josué una formación militar que parecía convertirlos en un blanco fácil para Jericó. La vanguardia estaba compuesta por personal militar. Directamente detrás de ellos, había siete sacerdotes que hacían sonar trompetas hechas con cuernos de carnero. Más atrás, estaban los sacerdotes que llevaban el arca del pacto (representando la presencia de Dios en medio de Su pueblo). La retaguardia estaba posicionada detrás de los sacerdotes que llevaban el arca del pacto. Y de esta manera, marchaban alrededor del muro de Jericó.

Dios usó un plan de batalla aparentemente absurdo para lograr Su propósito: «Sino que lo necio del mundo escogió Dios, para avergonzar a los sabios; y lo débil del mundo escogió Dios, para avergonzar a lo fuerte» (1 Cor. 1:27). Pero en todo este plan de acción, vemos que los israelitas debían participar. Dios ejecutaría lo que los israelitas implementaban. El pueblo de Dios tenía que participar en la batalla de Jericó marchando alrededor de la muralla, y Dios les daría la victoria derribándola.

Dios le dijo a Josué que, al finalizar su último viaje alrededor de la muralla, los sacerdotes debían hacer un largo sonido de trompetas, que estaría seguido por el grito de todo el ejército. El plan de batalla no convencional de Dios exhibió sonidos de trompetas que precedieron a los gritos, y la acción comenzaría con unos pocos y luego se esparciría al resto del pueblo. En consecuencia, Jericó experimentaría un evento catastrófico: la muralla colapsaría. Esta gruesa muralla implosionaría sobre sí misma sin una topadora ni una bola de demolición porque Dios la derribaría. No obstante, las instrucciones de Dios no eran suficientes para derribar la muralla. Su plan requería que los israelitas actuaran en fe.

Cuando Dios te guía en una dirección específica, ¿cómo sigues Sus instrucciones al pie de la letra aunque otros duden que las has oído de Él?

¿Cómo sopesas lo que crees que Dios te llama a hacer con las dudas o preocupaciones que oyes de otra gente?

Estudio personal 2

El pecado de un hombre conduce a la derrota de Israel.

Lee Josué 7:1-12,24-26.

En Josué 6:27, leemos: «Estaba, pues, Jehová con Josué, y su nombre se divulgó por toda la tierra». Pero el capítulo 7 abre con una conjunción adversativa: «Pero los hijos de Israel cometieron una prevaricación en cuanto al anatema». Una conjunción adversativa indica que fuera lo que fuera que sucediera antes, ahora sería diferente. Cuando ves un «no obstante» o un «pero» en la Escritura, suele ser algo bueno cuando viene antes de Dios y suele ser algo malo cuando viene después de Dios.

En este texto, la conjunción adversativa es una mala señal porque viene luego de una declaración sobre cómo era el Señor con Josué. Josué envió algunos espías a la ciudad de Hai, así como envió dos espías para hacer inteligencia en Jericó (Jos. 2:1). Se estaba preparando para dar los siguientes pasos en su expedición para conquistar Canaán y sabía que no podía atacar las ciudades más grandes sin que lo vieran en Hai. Necesitaba conquistar Hai para mantener el elemento de sorpresa.

Los espías regresaron con una recomendación exultante (un poco arrogante). Según ellos, la batalla sería pan comido. Josué solía recibir las órdenes para marchar del Señor: desde cómo debían marchar los israelitas en el cruce del río Jordán hasta cómo debían marchar alrededor de la muralla de Jericó. Pero, esta vez, rápidamente aceptó la recomendación y desplegó 3000 hombres para luchar contra Hai.

En un sorprendente giro, esta pequeña ciudad puso a los israelitas en fuga. Aparentemente, Israel había olvidado que no era su ejército el que había derrotado a la ciudad mucho más grande de Jericó; era el Señor quien había luchado por ellos. Perdieron la batalla en Hai porque el Señor que había peleado por ellos no lo hizo en Hai.

Josué reaccionó ante estas devastadoras noticias rasgándose las vestiduras y postrándose sobre el rostro ante el arca del Señor. La oración de Josué se pareció mucho a algunas de Moisés (Ex. 32:12-13; Núm. 14:13-16; Deut. 9:28), quien siempre estaba preocupado por la reputación de Dios entre las naciones circundantes. Josué sabía que Dios no había traído al pueblo a la tierra prometida para abandonarlos. Su conocimiento del Dios de sus padres lo condujo a arrepentirse por los israelitas debido a la pérdida de Hai. Josué sabía que Dios no deshonraría Su nombre confiable.

La razón de la derrota de Israel era la presencia de una rebelión en el campamento. Un hombre llamado Acán había pecado, y Dios asoció este pecado con toda la comunidad; lo vio como una trasgresión congregacional. Dios se lo imputó a toda la nación y Su enojo se dirigió a todo Israel.

El pecado es destructivo. Los pecados de los creyentes individuales afectan a la familia, a la iglesia y a la comunidad. Tal vez otros sabían lo que Acán había hecho y permitieron que persistiera. Si lo hicieron, lo apoyaron en sus acciones destructivas. Dios le dijo a Josué que no lucharía por él y por los israelitas hasta que se realizara la corrección de su pecado.

Como todo Israel estaba afectado por el pecado de Acán, que resultó en la derrota de la nación y en la pérdida de 36 vidas, todo Israel tomó piedras y apedreó a Acán y a su familia. Toda la comunidad tomó la responsabilidad de deshacerse de la cosa maldita. Nosotros también debemos darnos cuenta de que, en la iglesia, tenemos una responsabilidad corporativa por el pecado. Nos ayudamos mutuamente a seguir a Jesús, así que debemos llamarnos a la confesión de pecado cuando fracasamos y caemos.

Desde que Adán se escondió de Dios en el jardín, hemos tratado de esconder nuestro pecado. ¿Cuáles son algunas maneras en las que podemos ayudarnos unos a otros a sacar a luz nuestro pecado?

¿Qué sucede cuando minimizamos las horribles consecuencias de nuestro pecado?

¿Por qué el pecado merece la muerte?

Estudio personal 3

Dios le da la victoria a Su pueblo luego de que se encargan del pecado.

Lee Josué 8:1-2.

Josué 7 termina con estas palabras: «Y Jehová se volvió del ardor de su ira». Por más aterradora que pueda parecer la escena del castigo de Acán, posteriormente da lugar a una promesa. Dios prometió que un día haría «el valle de Acor por puerta de esperanza» (Os. 2:14-15). Este lugar donde Acán le trajo problemas a Israel y luego sufrió el castigo de la muerte por su pecado, un día, se convertiría en una puerta de esperanza porque, aunque la paga del pecado es la muerte, la dádiva de Dios es vida eterna en Cristo Jesús (Rom. 6:23).

A diferencia de Acán, que tomó cosas ilegales, Jesucristo vino a dar lo impensable: Su vida por las nuestras (2. Cor. 5:21). Acán murió por su pecado para que la ira del Señor se apartara de Israel. Jesús murió por nuestro pecado para que nosotros, que, como Acán, éramos enemigos de Dios, pudiéramos reconciliarnos con Él.

Aunque Josué había sacado a la luz el pecado en el campamento, no supuso el éxito en el campo de batalla. Esta vez, escuchó al Señor respecto al número de soldados que debían pelear contra Hai. Dios le indicó que llevara a todos los soldados con él y que fueran a Hai. (Aparentemente, Josué no salió a luchar con los soldados durante la primera batalla entre Israel y Hai).

El Señor le dijo a Josué que él e Israel tendrían una segunda oportunidad de enfrentar a Hai en batalla. Le informó que Hai sufriría lo que Israel había sufrido cuando había pecado en el campamento: la derrota.

Es interesante que, aunque a los israelitas no se les permitió quedarse con los despojos en la victoria contra Jericó, esta vez Dios les permitió tomar objetos de valor (incluyendo ganado) y emplearlos para uso personal. Si Acán hubiera esperado en el Señor, en lugar de desobedecer Su mandato respecto a los objetos de valor en Jericó, se hubiera podido llevar estos objetos de Hai.

En el Jardín de Edén, Adán y Eva pecaron contra Dios. Eva vio, deseó y tomó lo prohibido. Luego, se escondieron del Señor. Como creyentes, nos enfrentamos a la decisión de seguir a Dios o de desobedecerlo. Cada vez que nos enfrentamos a al pecado y rechazamos a la serpiente, fortalecemos nuestros corazones hacia Dios. Huimos de Él y nos escondemos en lugar de correr hacia Él y arrepentirnos. La historia de Acán nos recuerda las terribles consecuencias del pecado.

Acán tuvo oportunidades de arrepentirse. Cada vez que entraba a su tienda, sabía que allí estaba su tesoro robado y escondido. Cuando Josué le indicó al pueblo que se consagrara (Jos. 7:13), Acán debió haberse arrepentido durante el proceso de consagración. Incluso antes de que Josué aislara a la familia de Acán, él podría haberse arrepentido. En cambio, como escondió su pecado, Israel sufrió una terrible derrota y Acán perdió todo: su vida, sus posesiones y su familia. El pecado resultó en muerte y, solo luego de que se tratara con el pecado, Israel pudo avanzar hacia la victoria.

Cuando albergamos el pecado en nuestras vidas, abrazamos aquello que nos trae muerte. Aunque el proceso de confesión del pecado puede ser doloroso y tener consecuencias, la Palabra de Dios nos dice que a través de la confesión de pecado podemos ser sanados (Sant. 5:16). Cuando confesamos nuestros pecados, la comunidad de fe que nos rodea tiene la oportunidad de ayudarnos a ver la esperanza que Jesús trae. Hay esperanza al otro lado porque Jesús ya ha cargado con el castigo de nuestro pecado y ahora ofrece en Él mismo libertad del pecado.

Luego de que se encargaran del pecado en Israel, Dios le dijo a Josué que no se desalentara ni temiera. ¿Cuál es la conexión entre pecado escondido y desaliento o pecado escondido y temor?

¿Hay algún pecado escondido en tu vida que deba ser confesado? ¿A quién se lo confesarías?

Los primeros jueces

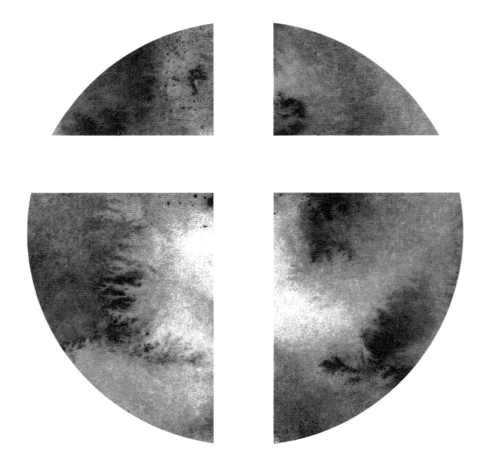

Introducción al estudio

Dios no solo está con Su pueblo; está a favor de Su pueblo. Cualquier situación que podamos enfrentar en la vida, podemos confiar en que Dios no solo está con nosotros, sino que verdaderamente luchará por nosotros. Por cierto, la victoria que nos da en estas batallas tal vez no sea la clase de victoria que anticipemos, pero nuestra fe nos ayuda a continuar confiando en que la mayor victoria para nuestras almas ya ha sido ganada en Cristo.

 ¿Por qué debemos abordar cualquier batalla que enfrentamos con la confianza tanto en la sabiduría como en el poder de Dios?

Solemos volvernos a Dios cuando las circunstancias a nuestro alrededor se tornan desesperantes. Sin embargo, cuando percibimos que todo está en paz, nos vemos tentados a recaer en pereza espiritual y autocomplacencia. Si vamos a vivir como hijos de Dios, debemos cultivar un estilo de vida de dependencia y de comunión con Dios en lugar de solo recurrir a Él como último recurso.

¿Cuáles son algunas maneras en que podemos vivir en una relación constante con Dios en lugar de solo volvernos a Él como último recurso?

Marco contextual

El pueblo de Dios estaba en movimiento. Luego de su increíble victoria en Jericó y de la sorprendente derrota en Hai, el Señor continuó moviendo a Su pueblo más adentro en **la tierra prometida**. Cada enemigo fue derrotado delante de Josué y del ejército de Israel y, a medida que caían, Dios demostró vez tras vez que Él es **el único Dios verdadero**. Estas eran más que victorias sobre la tierra; cada victoria para Israel era una victoria para el Señor sobre los dioses paganos de los cananeos.

 Con tantas historias sobre la fidelidad de Dios, ¿por qué puede ser difícil confiar en que Dios está luchando por nosotros?

Cuando la conquista se acercaba a un cierre, Josué llamó al pueblo a **renovar su pacto con el Señor**. Los israelitas estaban a punto de establecerse en una tierra que había estado llena de toda clase de idolatría y que todavía estaba poblada de gente que adoraba a dioses falsos. El Señor sabía que Su pueblo se vería tentado a integrar la adoración a los ídolos en su vida espiritual. El pueblo juró su alianza, prometiendo que adoraría solo al Dios de Israel, pero su compromiso con Dios y Su pacto fue efímero.

Pasó tan solo una generación antes de que comenzaran a adorar a dioses extraños. Así comenzó el período de los jueces, en el cual los israelitas cayeron en un patrón de pecado, juicio, arrepentimiento y liberación, como se muestra en «**El ciclo de los jueces**» (pág. 71). Estas historias nos recuerdan nuestra constante tentación a apartarnos de los caminos de Dios e ir hacia el pecado.

¿Por qué piensas que el juicio y las dificultades en la vida nos hacen más propensos a enfocarnos en las cosas espirituales?

✝ Conexión con CRISTO

Los jueces salvaron al pueblo de las consecuencias de su pecado, pero no pudieron cambiar la causa de su pecado. Jesús es el Salvador y el Juez que lleva sobre sí mismo las consecuencias de nuestro pecado y luego nos ofrece nuevos corazones que buscan Su justicia.

El ciclo de los **jueces**

El pueblo pecaba

Dios juzgaba

El pueblo clamaba

Dios los libraba

El pueblo volvía al pecado

Dios levantó jueces para librar al pueblo

Otoniel	Jueces 3:7-11
Aod	Jueces 3:12-30
Débora	Jueces 4:1–5:31
Gedeón	Jueces 6:1–8:35
Jefté	Jueces 10:6–12:7
Sansón	Jueces 13:1–16:31

Discusión en grupo

 Mira el video para esta sesión y continúa con el debate grupal utilizando la guía siguiente.

¿Qué deberíamos pensar de los repetidos mandamientos de la Escritura de ser fuertes, valientes y santos?

¿Cuáles son algunas maneras en que podemos intentar terminar con los ciclos de pecado en nuestras propias vidas? ¿En nuestras familias? ¿En nuestras iglesias? ¿En nuestras comunidades?

Como grupo, lean Jueces 2:8-19.

 ¿Cómo pudo levantarse una generación que no conocía al Señor o lo que Él había hecho?

¿Qué te dice esto sobre nuestra responsabilidad respecto a la siguiente generación?

¿Qué nos revelan estos versículos respecto a nuestra atracción hacia el pecado?

Solo hizo falta una generación de descuido para que el pueblo cayera en esta espiral descendente de pecado. La gente comenzaba a adorar a otros dioses; el Señor juzgaba su idolatría; el pueblo le pedía ayuda y el Señor respondía con un libertador. Pero luego el pueblo una vez más volvía al pecado. El libro de Jueces arroja una luz severa sobre el corazón humano y nuestra insistencia en seguir nuestro propio camino en lugar del de Dios.

Como grupo, lean Jueces 4:4-7.

¿Qué sobresale más para ti en esta descripción de la jueza Débora?

 ¿Qué debes creer que es cierto sobre Dios para tomar una posición valiente a favor de Él?

Antes de que Dios levantara a Débora como jueza, el pueblo vivió bajo la opresión del rey Jabín y de su comandante Sísara durante 20 años. A pesar de este largo período de opresión, Débora sabía que el poder del Señor era más fuerte que el poder de sus enemigos y que el conocimiento le daba el arrojo para seguir adelante.

Como grupo, lean Jueces 4:14-16.

> ¿Alguna vez te has sentido como Barac, necesitado de que alguien te aliente a hacer algo difícil? ¿Qué sucedió?

✱ ¿Por qué querría Dios ponernos en situaciones difíciles?

> ¿Qué efecto puede tener sobre nuestra fe enfrentar situaciones difíciles?

A instancias de Débora, Barac confrontó a un ejército de tamaño y fuerzas superiores, y la batalla transcurrió como ella había prometido. El Señor es, en definitiva, quien decide la victoria y la derrota, y Él les entregó el ejército a los israelitas. Estamos muy confundidos si creemos que Dios solo nos dará tranquilidad y comodidad en esta vida. Por cierto, a veces nos colocará en situaciones difíciles tanto para acrecentar nuestra fe como para glorificar Su nombre.

✝ Aplicación MISIONERA

Registra, en este espacio, al menos una manera en la que aplicarás la verdad de la Escritura como alguien que ha sido perdonado y librado en Jesús de la naturaleza destructiva del pecado.

Estudio personal 1

Dios provee líderes para salvar a Su pueblo de su ciclo de pecado.

Lee Jueces 2:8-19.

El libro de Jueces presenta un ciclo de pecado y salvación que se convierte en un patrón para el pueblo de Dios. Como sucesor de Moisés, Josué condujo a Israel a grandes victorias; pero, cuando Josué y su generación murieron, «se levantó después de ellos otra generación que no conocía a Jehová, ni la obra que él había hecho por Israel» (Jue. 2:10). El estado espiritual de Israel, luego de la muerte de Josué, es triste de ver. Abandonar a Dios los llevó a abrazar a los ídolos.

¿Qué llevó a semejante descenso de la fidelidad de Josué a la infidelidad de la siguiente generación? La gente joven «no conocía a Jehová» ni lo que Dios había hecho por ellos. No recordaban a Dios ni la manera gloriosa en que había rescatado a sus antepasados. ¡La amnesia produce apostasía!

Entonces, ¿qué hizo Dios en respuesta a Su pueblo que lo abandonó? Bueno, sabemos que Dios cumple Sus promesas, y una de las promesas que hizo fue que los disciplinaría si persistían en la desobediencia (ver Lev. 26:17; Deut. 28:15). El pueblo quería ser como las naciones circundantes, entonces Dios les dio lo que querían y entregó a los israelitas a las manos opresoras de esas mismas naciones.

Pero, como hemos llegado a esperar de historias previas sobre un Dios increíblemente misericordioso, el juicio no fue la última palabra de Dios para Su pueblo. A medida que el autor de Jueces continuó resumiendo este tumultuoso tiempo en la historia de Israel, mostró que, luego de la disciplina de Dios, vino Su salvación.

Cuando pones Jueces 2:14 y 16 juntos lado a lado, puedes encontrarte rascándote la cabeza. Dios entregó a Su pueblo al enemigo, ¿y luego lo salvó del enemigo? ¿Cómo funciona esto? La respuesta, por supuesto, es que Dios es justo y misericordioso al mismo tiempo. Él «de ningún modo tendrá por inocente al malvado», le dijo a Moisés y también le declaró que era «tardo para la ira, y grande en misericordia» (Ex. 34:6-7). Dios salvó a Su pueblo de sus enemigos porque fue movido por su miseria y su gemido. Estos gemidos no fueron necesariamente clamores de arrepentimiento. La palabra traducida como «gemidos» (Jue. 2:18) es usada otras dos veces en el Antiguo Testamento sobre los israelitas y, en ambos casos, se refiere a los gemidos de Israel bajo la esclavitud egipcia (Ex. 2:24; 6:5). Gemido, en este caso, es lo que Dios oye y lo que lo mueve a librar a Su pueblo a la luz de Sus promesas de pacto con Abraham.

Dios libró a Su pueblo de sus enemigos, no porque Su pueblo hubiera apartado completamente su corazón de los ídolos y hubiera vuelto a Él ni porque se hubiera arrepentido por completo. Los libró debido a Su gran amor. Les tenía compasión en su miseria y así les mostraba una bondad inmerecida a través de jueces que levantaba para rescatarlos.

El ciclo de los jueces continuó luego de cada momento de liberación. Como ves al final de este pasaje, cada vez que los jueces morían, Israel volvía a su pecado y a su espiral descendente de corrupción. Lo que Israel necesitaba no era un libertador temporal, sino un Salvador que cambiara sus corazones. La buena noticia para nosotros es que, en la persona de Jesucristo, Dios es a la vez nuestro gran Juez y nuestro gran Salvador. En Cristo, somos salvos de estos continuos patrones de pecado y destrucción, y quedamos libres para la misión de Dios en el mundo.

¿Cuáles son algunas maneras en que podemos luchar contra la «amnesia espiritual»?

¿Cómo puedes ayudar a otros a ver la disciplina de Dios en tu vida como una expresión de amor paternal hacia ti?

¿Cómo nos guía la bondad al arrepentimiento?

Estudio personal 2

Dios provee sabiduría para confiar en Él y obedecerlo.

Lee Jueces 4:4-7.

Los israelitas comenzaron a vivir en un ciclo de pecado y rebelión, que volvía al arrepentimiento y al rescate, y luego volvía otra vez a la rebelión. La incredulidad era la raíz de la idolatría de los israelitas. No creían que Dios pudiera satisfacerlos. Así que siguieron yéndose detrás de otros dioses volviendo «a hacer lo malo ante los ojos de Jehová» (Jue. 4:1). En respuesta, el Señor permitió que los oprimiera un rey extranjero llamado Jabín a través de Sísara, su general. Su ejército incluía 900 carros (los tanques de guerra de aquellos días) listos para aterrar a cualquier enemigo que pudiera levantarse. Finalmente, luego de 20 años, el pueblo clamó a Dios.

Contra el trasfondo de la incredulidad de los israelitas, se levantaban unos pocos individuos que estaban dispuestos a servir a Dios y a usar sus dones para Su gloria. Este pasaje nos presenta a Débora y Barac, siervos del Señor que obraban a partir de una profunda comprensión de quién es Dios. Confiaban en Su Palabra. Débora y Barac emplearon sus dones para el Señor y luego observaron cómo Él hizo algo milagroso.

Una vez más, Dios le dio a Su pueblo un líder que no parecía el adecuado. Levantó a Débora para que fuera jueza sobre el pueblo de Dios. De los doce jueces en el libro, Débora fue la única mujer. Proclamó la Palabra de Dios y fielmente habló de Su parte. La gente le traía problemas para que los considerara y ofreciera un juicio. Era una profetisa y fue la única jueza que vemos que usó su don de sabiduría sin ser líder militar.

Barac era el general de Débora y conducía el ejército del pueblo de Dios. A primera vista, podría parecer que Débora estaba llena de fe y Barac de temor, pero probablemente este no fue el caso. Barac dijo que pelearía contra el ejército de Sísara… si Débora iba con él. Débora era la representante de la voz de Dios en este pasaje. Barac quería saber que Dios estaría con él, así como Moisés hizo en Éxodo 33 cuando le rogó a Dios que estuviera con el pueblo de Israel.

Al mismo tiempo, Barac sabía que Débora estaba llena de sabiduría, por lo cual es probable que estuviera dispuesto a escucharla. A través de su consejo, Débora demostró que la mayor finalidad de la sabiduría es confiar en Dios y obedecerlo. Esa era exactamente la clase de sabiduría que Barac necesitaba. Él demostró fe (Heb. 11:32), aunque con vacilación, y obedeció al preparar un ejército de 10 000 hombres. Barac usó los dones que Dios le dio para caminar con fidelidad hacia su llamado.

Aquí había dos personas muy diferentes (una jueza y un general vacilante) reunidos para caminar en fidelidad.

En este microcosmos vemos cómo avanza la iglesia hoy en unidad, como un cuerpo con muchas partes. Algunos, como Débora, conducen con sabiduría y consejo. Otros se ofrecen como voluntarios para guiar grupos pequeños y enseñar a los niños. Algunos cambian pañales en la guardería, mientras otros abren sus casas para albergar niños. Todos nosotros tenemos un rol que desempeñar en el cuerpo de Cristo. Como escribió el apóstol Pablo posteriormente: «Porque de la manera que en un cuerpo tenemos muchos miembros, pero no todos los miembros tienen la misma función, así nosotros, siendo muchos, somos un cuerpo en Cristo, y todos miembros los unos de los otros» (Rom. 12:4-5).

Cuando caminamos en fe usando nuestros dones, nos damos cuenta de que no somos el centro de nuestra historia. Ya no pretendemos ser dignos de gloria, lo que nos libera para servir verdaderamente a Dios y a otros. No somos el centro de la historia, pero señalamos a Aquel que lo es.

¿Cuáles son algunas maneras en que podemos descubrir los dones que Dios nos ha dado?

¿Qué sucede cuando decidimos no usar nuestros dones para servir a Dios?

Estudio personal 3

Dios proporciona valor para enfrentar probabilidades imposibles.

Lee Jueces 4:14-16.

Cuando continuamos la historia, vemos cómo los líderes escogidos de Dios usaron sus dones frente a un pronóstico increíble. El día de la guerra había llegado. El ejército de Dios se había reunido en lo alto del monte Tabor y podía ver venir los 900 carros. Tal vez te parezca que el ejército enemigo de Sísara era pequeño comparado con el de 10 000 hombres de los israelitas. Pero esto era antes de los días de la guerra aérea y de las armas automáticas. Nadie había visto jamás un ejército de 900 carros. Barac y sus soldados a pie no podrían vencer a Sísara y a su fuerza móvil llena de hombres equipados para la batalla. Sin la ayuda divina, Israel no tenía posibilidad de una victoria.

Considera al ejército de Barac. Los israelitas sabían que, en cuanto a armas, los sobrepasaban (Jue. 5:8). Las probabilidades se apilaban en su contra… a no ser porque Dios estaba de su lado. Así que allí estaban de pie y se preguntaban qué haría Dios. Tal vez volvían a contarse unos a otros la historia del éxodo: «¿Recuerdas lo que hizo Dios cuando separó el mar Rojo y nuestros padres lo cruzaron sobre tierra seca?». «¿Recuerdas cuando nuestras familias vinieron a la tierra prometida con Josué y el río se separó a la mitad? ¿Qué hará ahora?».

Débora, Barac y el pueblo de Dios tenían fe en las palabras del Señor. Él había dicho que tendrían la victoria. Como Él es un Dios fiel, el pueblo tenía fe en Su victoria.

La bisagra de esta narración se expone en Jueces 4:14: «¿No ha salido Jehová delante de ti?». Este era el lugar de confianza y esperanza para el pueblo de Dios: el Señor había ido delante de ellos. No había nada que temer porque el Señor había preparado el camino. La victoria sería de ellos porque la promesa del Señor era segura. El Señor, a quien previamente habían dejado y abandonado, no los había abandonado a ellos.

Algunas veces, cometemos el error de pensar que si caminamos en la voluntad de Dios, Él no nos guiará al peligro, a la dificultad ni siquiera al aparente desastre, pero nada podría estar más lejos de la verdad. Jesús mismo les prometió a Sus seguidores que tendrían problemas (Juan 16:33). Ser cristiano no nos exime de las mismas luchas que vienen sobre cualquier otro ser humano. Por cierto, ser cristiano a veces significa que Dios intencionalmente nos guía a circunstancias difíciles. ¿Por qué habría de hacerlo?

En primer lugar, Dios puede llevarnos a tales situaciones de probabilidades aparentemente imposibles por el bien de nuestra fe. Santiago nos dice que es a través de la prueba de nuestra fe que desarrollamos perseverancia y que necesitamos la perseverancia para llegar a ser maduros y completos en Cristo (Sant. 1:2-4). El objetivo supremo de Dios para Sus hijos no es la tranquilidad, la comodidad ni la estabilidad, sino ser conformados a la imagen de Jesús. La dificultad es una de las maneras en que lo logra.

Pero Dios también puede guiarnos a situaciones con probabilidades arrolladoras para que Él tenga la gloria. Si miramos hacia atrás en esta historia, vemos que no hay una buena razón por la cual Débora y Barac hubieran podido tener éxito. Las probabilidades se acumulaban en contra de ellos. Cuando llegó la liberación, no hubo otra opción para todos que darle la gloria a Dios en la victoria.

La fe en Dios es lo que nos conduce a ser valientes cuando enfrentamos probabilidades imposibles. La fe se demuestra mediante nuestra creencia y obediencia, nuestra confianza en Dios y el deseo de obedecerlo en fe. Nuestra fe no se arraiga en lo que damos, no se encuentra en nuestras habilidades ni se sostiene por nuestras ambiciones. Nuestra fe se basa en la segura Palabra de Dios y en Su carácter inconmovible. Como pueblo de Dios, construimos nuestras vidas sobre las promesas de Dios. Ningún otro cimiento es estable.

¿Cuál es la importancia de que Débora le diga a Barac que el Señor ha salido delante de él (Jue. 4:14)?

¿Qué sucede cuando tenemos más fe en nuestros dones que en el poder de Dios?

Los últimos jueces

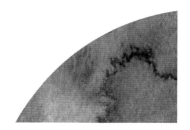
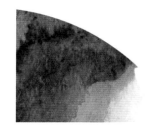
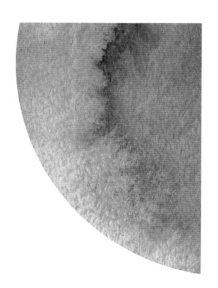

Introducción al estudio

Se ha dicho que el pecado te llevará más lejos de lo que quieres ir, te mantendrá más tiempo del que quieres estar y te costará más de lo que quieres pagar. Esto se debe a que el pecado es una espiral que desciende a profundidades cada vez mayores de desobediencia, como vemos con Israel en el libro de Jueces. Cuando nos vemos atrapados en un ciclo de pecado como este, se suelen necesitar medidas desesperadas para llamar nuestra atención y hacernos clamar a Dios.

> ¿De qué maneras has visto esta espiral descendente de pecado en acción en el mundo que te rodea?

Cuando finalmente clamamos a Dios, algunas veces, en Su misericordia, Él proporciona cierta clase de alivio para nuestras circunstancias. Pero Dios está interesado en mucho más que mejorar nuestras circunstancias. En definitiva, desea que lleguemos a darnos cuenta de que no tenemos poder para transformar nuestros corazones pecaminosos y que nuestra mayor necesidad no es circunstancial, sino eterna.

 ¿De qué manera saber que Dios está más interesado en proveer para tus necesidades eternas tendría que cambiar tu forma de ver tus circunstancias presentes?

Marco contextual

Una vez en la tierra prometida, los israelitas pronto adoptaron las prácticas paganas y los ídolos de la gente que habitaba allí. Dios traía **disciplina** sobre Su pueblo a través de la opresión de los pueblos circundantes, y entonces ellos clamaban a Él. En Su misericordia, Dios levantaba un libertador (**un juez**) a quien le daba una asombrosa perspectiva o habilidades por el bien de la liberación de Su pueblo.

> ¿Cómo han usado otros sus dones espirituales de Dios para
> servirte y alentarte para el beneficio de tu fe en Jesús?

Los jueces de Dios comienzan con **Otoniel,** el hermano menor de Caleb, que trajo paz a la tierra durante 40 años. **Aod** asesinó al rey Eglón acuchillándolo con tal fuerza que la grasa del rey cubrió la empuñadura del puñal. **Débora**, de quien leímos en la sesión anterior, dio consejo militar y consiguió una gran victoria.

Luego vino **Gedeón**, un líder muy atípico a quien Dios usó para derrotar a los madianitas, como veremos en esta sesión. **Jefté** libró a su pueblo, pero al precio de su propia hija, debido a un voto insensato. Y por supuesto, **Sansón** fue bendecido por Dios con una poderosa fuerza para librar a su pueblo oprimido, pero sirve como un último ejemplo del fracaso definitivo de todos estos jueces. «**Veamos a Jesús en los jueces**» (pág. 83) nos muestra que Jesús es el Juez más grande y perfecto que aún estaba por venir.

 ¿De qué manera la espiral descendente de pecado en la gente y
en los jueces nos señala nuestra necesidad de Jesús?

✝ Conexión con CRISTO

Los jueces eran personas imperfectas a quienes Dios usó de maneras inesperadas para librar a Su pueblo y mostrar que Él es la fuente de salvación. Jesús fue el perfecto Rescatador que derrotó el pecado y la muerte de una manera inesperada para mostrarles a todos que la salvación le pertenece solo a Dios. Él usó la muerte y la resurrección de Cristo para traer liberación de una vez y para siempre para Su pueblo.

Veamos a Jesús *en los* jueces

ANTIGUO TESTAMENTO	NUEVO TESTAMENTO
Los jueces Salvaron a la gente mientras todavía estaban vivos (Jue. 2:18).	**Jesús** Salva a Su pueblo para siempre, al haber resucitado de los muertos (Rom. 8).
El ejército de 300 de Gedeón La gloria de Dios a través de la debilidad (Jue. 7:2).	**Predica a Cristo crucificado** El poder y la sabiduría de Dios (1 Cor. 1:24).
Muerte de Sansón Venganza contra sus enemigos idólatras (Jue. 16:28).	**Muerte de Jesús** Salvación para Sus enemigos que creen (Rom. 5:8-10)
Samuel Un profeta a quien Dios se le reveló mediante Su Palabra (1 Sam. 3:21).	**Jesús** En estos postreros días, Dios nos ha hablado por medio de Su Hijo (Heb. 1:2).

Discusión en grupo

Mira el video para esta sesión y continúa con el debate grupal utilizando la guía siguiente.

¿De qué manera los jueces nos muestran que necesitamos el perfecto Juez en Jesús?

¿De qué manera la ausencia de un rey en Israel durante el período de los jueces nos prepara para esperar al Rey prometido de Dios?

Como grupo, lean Jueces 6:11-16.

¿Qué es extraño respecto a la manera en que el ángel se dirigió a Gedeón?

❋ ¿Cuáles otros relatos bíblicos te recuerdan esta conversación entre el ángel y Gedeón?

¿Piensas que hay una diferencia entre cómo te ve Dios y cómo te ves a ti mismo? Si es así, ¿cuál es?

La manera en que el ángel abordó a Gedeón fue extraña, ya que él se estaba escondiendo en una prensa de vino de los opresores madianitas. De la misma manera en que Moisés rehuyó el llamado de Dios al principio, así también Gedeón dudó de que pudiera hacer lo que Dios le estaba ordenando. A veces, nosotros también miramos nuestra fuerza, nuestro talento o nuestras circunstancias y nos preguntamos si Dios puede llegar a usarnos. Pero, sin importar cómo nos vemos a nosotros mismos, Dios tiene una visión eterna en mente al llamarnos hijos e hijas, aun cuando no nos sentimos así.

Como grupo, lean Jueces 7:15-22.

❋ ¿Qué demuestra esta victoria respecto a la manera en que Dios escoge obrar?

¿A qué te podría estar llamando Dios que no tiene sentido desde un punto de vista terrenal?

Antes de estos versículos, Dios había reducido el ejército de Gedeón a una fracción de su tamaño previo. Basándonos solo en el tamaño, el ejército de Israel no era un oponente adecuado para Madián. Pero Dios estaba colocando a Gedeón y al ejército en una posición para demostrar que la batalla verdaderamente le pertenecía a Él.

Como grupo, lean Jueces 16:21-22, 26-30.

> ¿Cómo se comparan estos pasajes con la visión de Sansón como un guerrero súper fuerte para Dios?

 ¿Cómo se compara la muerte de Sansón entre dos columnas con la de Jesús en la cruz entre dos ladrones?

> ¿Por qué piensas que Dios escogió darle poder a Sansón en este momento a pesar de su infidelidad y desobediencia?

La historia de Sansón es trágica. A pesar de haber sido dotado por Dios, vivió una vida de orgullo, reacio a reconocer la fuente de su fuerza. Sin embargo, en su momento de mayor necesidad, clamó a Dios y recibió ayuda y poder, mostrándonos que nunca es demasiado tarde para recurrir al Señor.

✝ Aplicación MISIONERA

En este espacio, registra al menos una manera en que puedes aplicar la verdad de la Escritura como un fiel siervo empoderado por Dios para proclamar a Jesús, nuestro fiel Salvador y Juez.

Estudio personal 1

Dios provee fuerza al débil.

Lee Jueces 6:11-16.

A medida que continuamos nuestra travesía a través de la línea histórica de la Escritura, vemos cómo el ciclo de pecado, opresión y liberación en Jueces continúa. En Jueces 6, el Señor entregó el pueblo a sus enemigos por un período de siete años. La situación era apremiante. El pueblo de Dios se vio forzado a esconderse en su propia tierra, en cuevas que hicieron para sí mismos en las montañas. Mientras tanto, sus enemigos, los madianitas, invadían su tierra, devoraban su producción y tomaban su ganado. Para librarlos, Dios levantó a un hombre inusual y decidió sacar de él a un poderoso guerrero.

Cuando «el ángel de Jehová» vino a Gedeón, le dijo: «Jehová está contigo, varón esforzado y valiente», asegurándole la presencia de Dios. Sorprendentemente, Gedeón respondió cuestionando esta afirmación al basarse en la opresión de Madián. Como Gedeón, algunas veces no podemos ver nuestro pecado y nuestra culpa y, entonces, nos apresuramos a culpar a Dios por cualquier cosa que nos esté pasando. A veces, nuestras circunstancias difíciles nos sobrevienen por nuestra propia pecaminosidad, pero nunca porque Dios haya sido infiel.

A continuación, Gedeón protesta contra el encargo de Dios sobre la base de su incapacidad, por ser el menor de su familia. Nuevamente, la respuesta de Dios, «yo estaré contigo», fue un recordatorio de que el poder de liberación no estaba en Gedeón, sino en la presencia de Dios. Él suele darle confianza a Su pueblo señalando Su presencia (Gén. 28:15; 46:4; Isa. 41:10). Su compañía siempre ha sido nuestra fuente de fuerza en medio de las tormentas de la vida. Por eso decimos con el salmista: «Aunque ande en valle de sombra de muerte, no temeré mal alguno, porque tú estarás conmigo» (Sal. 23:4).

«Ciertamente yo estaré contigo». Todo lo que Gedeón necesitaba estaba suplido en esa breve declaración. Básicamente, Dios no tiene nada más para ofrecerte. Puedes pasar por lo que sea con esa promesa. No responde tus preguntas sobre los detalles; solo proporciona lo esencial. «Estaré contigo», y eso es suficiente.

Como seguidores de Cristo, confiamos en la promesa de Jesús de darnos poder a través de Su Espíritu (Hech. 1:8). No importa cuán inadecuados nos sintamos, Dios nos ve y afirma: «¡Valiente guerrero!». La fuerza para obedecer a Dios y unirnos a Él en misión no proviene de nuestro interior, sino del Espíritu de Dios que nos da poder. No es de asombrarnos que la Gran Comisión termine con la misma promesa: «Por tanto, id, y haced discípulos a todas las naciones [...]; y he aquí yo estoy con vosotros todos los días» (Mat. 28:19-20).

A primera vista, parece extraño que Gedeón respondiera con tal terror a estar en la presencia de Dios. ¿No queremos sentir que Dios está cerca de nosotros? ¿No anhelamos Su presencia en nuestras vidas? Tal vez la rareza de la reacción de Gedeón es una señal de que hemos olvidado qué don increíble es tener acceso al poder y la presencia de Dios.

En los días del tabernáculo y del templo en el Antiguo Testamento, solo el sumo sacerdote podía traspasar una vez al año el velo que separaba el lugar santísimo (la presencia de Dios) del pueblo de Dios. Cuando Jesús fue crucificado, este velo se partió en dos. Y luego de Su ascensión, Jesús envió a Su Espíritu Santo para darnos poder y darnos Su presencia para siempre. Tal vez necesitamos más de la reverencia de Gedeón ante la presencia de Dios, de modo que podamos estar verdaderamente agradecidos por la presencia y el poder divinos, y nos sintamos incitados a adorar a Dios por quién es Él.

¿Qué aspectos de la obediencia a la misión de Dios te hacen sentir inadecuado o no a la altura de la tarea?

¿Qué aspectos de la presencia de Dios podrían sobresaltarnos?

¿Qué aspectos de la presencia de Dios nos consuelan y animan?

Estudio personal 2

Dios provee victoria al obediente.

Lee Jueces 7:15-22.

La victoria de Israel sobre Madián es uno de los relatos de batallas más extraordinarios en el Antiguo Testamento. El poder de Dios se perfecciona en la debilidad (2 Cor. 12:9). Y Gedeón demostró debilidad repetidas veces: su falta de estatus y su relativo anonimato (Jue. 6:15), su temor de los madianitas al sacudir el trigo en un lagar (6:11), su temor a la familia y a los hombres de la ciudad (6:27), su necesidad de seguridad adicional (6:36-40), la reducción radical de su ejército (7:1-8) y su temor a la batalla y su necesidad de aliento extra (7:10-15).

Gedeón no era un héroe de Hollywood; más bien, a lo largo de su historia se resalta su debilidad humana. ¿Por qué? Vemos la respuesta en Jueces 7:2, cuando Dios pidió la reducción del ejército de Gedeón: «No sea que se alabe Israel contra mí, diciendo: Mi mano me ha salvado». Esta es la clave para la salvación y para el poder de Dios. No está en nuestro esfuerzo, sino en nuestra rendición. No está en nuestras habilidades impresionantes, sino en la gloria de Dios en la salvación.

En Jueces 7:1-8, Dios redujo al mínimo el ejército de 32 000 a 300. Dios insistió en que Su pueblo viera su causa como absolutamente perdida, de modo que reconocieran que su liberación solo podía atribuirse al poder y la misericordia de Dios. A lo largo del camino, Dios siguió reafirmando a Gedeón. Y finalmente, Gedeón adoró a Dios como una señal de su fe en que Dios cumpliría Su voluntad a través de Él.

Dios logró una victoria única y grandiosa exclusivamente a través de Su fuerza y sabiduría. Aun la manera en que se dio la victoria mostró que la batalla le pertenecía al Señor y Él había logrado la victoria. Los 300 hombres ni siquiera atacaron; fueron *detrás* de los madianitas mientras huían.

No te pierdas el cuadro de cómo Dios otorga la victoria a través de la debilidad humana, siempre y cuando esos seres humanos dependan de Él. Somos salvos en debilidad y somos salvos y sostenidos en debilidad mientras confiamos en Él. Por ejemplo:

- **El pecado:** no derrotamos al pecado simplemente por intentarlo con más fuerzas, sino por confiar en el Espíritu de Dios y en la iglesia de Dios.

- **El evangelismo:** no ganamos a alguien para Cristo mediante el intelecto o con palabras persuasivas, sino confiando en que Dios hable a través de nosotros.

En nuestra lucha contra el enemigo, reconocemos que Dios exhibe Su poder a través de nuestra debilidad. Ganamos la guerra desde adentro hacia afuera, al volver nuestros corazones a Cristo en fe.

La mentalidad de nuestro mundo es que las cosas grandes las logran las personas fuertes. ¿De qué manera la historia de Gedeón da vuelta esa mentalidad?

¿De qué manera la historia de Gedeón te da esperanza en tu debilidad?

Estudio personal 3

Dios provee poder al desesperado.

Lee Jueces 16:21-22,26-30.

La historia de Sansón es una tragedia clásica. Era orgulloso, arrogante y autosuficiente, algo irónico si consideramos que su gran fuerza solo provenía de Dios. En definitiva, su orgullo lo atrapó y fue tomado prisionero y humillado por los mismos filisteos a los que una vez había conquistado tan fácilmente. Pero, cuando su vida llegaba a su final, Sansón experimentó una verdadera fe y arrepentimiento. Dejó de confiar en su propia fuerza y puso su esperanza en Dios. Esta es la única vez en la vida de Sansón en que lo vemos orando.

Sansón había corrido detrás de las conquistas sexuales, caminado en violencia y venganza, desobedecido a sus padres y hecho todo lo que sabía que estaba mal. Pero aquí fue un hombre diferente. Sansón se encontraba al final de sus fuerzas. Los filisteos lo capturaron, le sacaron los ojos y lo convirtieron en un esclavo que molía el grano. ¡Oh, cómo había caído el poderoso!

¿Alguna vez has llegado al final de tu cuerda? ¿Has estado lo suficientemente desesperado como para volverte a Dios y renunciar a tu confianza o a cualquier otra cosa y rendirte ante Él? ¿Tu batalla con el pecado se ha llevado lo mejor de ti tantas veces que no te queda nada para ofrecer? Este fue el final de la cuerda de Sansón. No podía correr más lejos de Dios. De la misma manera en que Dios entregaba los israelitas a sus enemigos como reprimenda y corrección, había entregado a este juez de Israel. Y este fue el momento en que Sansón encontró verdadera fuerza: en su debilidad.

Al final de su vida, Sansón clamó a Dios por fuerza suficiente para derrotar a los enemigos del pueblo de Dios que estaban presentes. Dios extendió Su brazo hacia el quebrantamiento del juez que había sido escogido desde antes de su nacimiento y, por el bien de Su pueblo, respondió a la oración de Sansón. Rescató a Su pueblo a pesar de su total incredulidad. La ruina de Sansón fue el resultado de su propia desobediencia; sin embargo, Dios usó su muerte para comenzar la liberación de Su pueblo.

Podrás preguntarte si Sansón verdaderamente creía en el Señor. Si este fuera el único relato de Sansón que tuviéramos en la Biblia, tendríamos razón para preguntárnoslo. Pero ¿adivina quién aparece en Hebreos 11, la «Galería de la fe»? Sansón (Heb. 11:32). Junto con Abraham, Sara, Isaac, Jacob, Moisés y David, encontramos el nombre de Sansón, que caminó por fe en Dios. Aunque a Sansón le llevó años que Dios lo librara de su orgullo, con el tiempo, este gigante fue revestido de la misericordia de Dios.

Siglos después, otro bebé vendría luego del anuncio de un ángel. El ángel le dijo a una joven llamada María que llevaría al Libertador del pueblo de Dios en su vientre y que lo llamaría Jesús. Esta vez, el Libertador no necesitaría liberación, sino que traería liberación para todo el mundo. La muerte de Jesús fue el resultado tanto de Su perfecta obediencia como de nuestra desobediencia. Y Dios usó Su muerte para traer liberación «una vez para siempre» por Su pueblo.

Jesús es más grande que Sansón. Él es el Juez que nunca quebranta Su Palabra, el Juez que nunca obra por impulso o autogratificación. Solo hace las obras del Padre y, por fe en Su muerte y resurrección, muchos (incluidos nosotros) nos convertimos en hijos e hijas de Dios.

En la historia de Sansón, Dios les dice a los cristianos: «Yo te amo. Soy tu rescatador. Los dones que te di, te los he dado porque soy un buen Padre. Entonces, cuando mires tus dones, tu personalidad y las bendiciones en tu vida, permite que la adoración siga su curso completo hasta llegar de vuelta a mí». No nos atrevamos a confiar en nosotros mismos.

Fue necesaria la humillación y la debilidad para finalmente obtener la atención de Sansón. ¿Cuáles son algunas circunstancias que Dios puede usar para obtener nuestra atención y atraernos de vuelta a Él?

¿Qué esperanza nos da ver a Sansón mencionado como un hombre de fe en Hebreos 11?

Consejos para liderar un grupo pequeño

Sigue estas pautas para prepararte para cada sesión grupal.

Prepárate en oración

Repasa

Repasa el material de la semana y las preguntas grupales de antemano.

Ora

Dedica tiempo a orar por cada persona del grupo. Pídele al Espíritu Santo que obre a través de ti y del debate grupal mientras señalas a Jesús cada semana a través de la Palabra de Dios.

Minimiza las distracciones

Crea un ambiente cómodo. Si los miembros del grupo están incómodos, se distraerán y, por lo tanto, no participarán de la experiencia grupal. Planea de antemano teniendo en cuenta estos detalles:

Los asientos

La temperatura

La iluminación

La comida o la bebida

El ruido de fondo

La limpieza general

En el mejor de los casos, la consideración y la hospitalidad les muestra a los miembros del grupo que son bienvenidos y que se los valora, dondequiera decidan reunirse. En el peor de los casos, las personas quizás nunca noten tu esfuerzo, pero tampoco se distraerán. Haz todo lo que puedas para ayudarlas a concentrarse en lo más importante: conectarse con Dios, con la Biblia y con los demás.

Incluye a otros

Tu objetivo es fomentar una comunidad en la cual las personas se sientan aceptadas tal cual son, pero también alentadas a crecer espiritualmente. Está siempre alerta a oportunidades para incluir a cualquiera que visite el grupo y para invitar a nuevas personas a que se unan a tu grupo. Una manera económica de lograr que los que visitan por primera vez se sientan acogidos o de invitar a los demás a participar es darles sus propios ejemplares de este libro de estudio bíblico.

Fomenta el debate

Un buen grupo pequeño tiene las siguientes características.

Todos participan
Anima a todos a hacer preguntas, compartir sus respuestas o leer en voz alta.

Nadie domina, ni siquiera el líder
Asegúrate de que tu momento de hablar como líder lleve menos de la mitad del tiempo que están juntos como grupo. De manera educada, redirige el debate si hay alguien que lo esté acaparando.

A nadie se lo apura con las preguntas
No creas que un momento de silencio es algo malo. A menudo, las personas necesitan pensar antes de responder preguntas que acaban de escuchar, o reunir la valentía para comunicar lo que Dios pone en sus corazones.

Las distintas perspectivas se afirman y se amplían
Asegúrate de señalar algo verdadero o útil en cada respuesta. No sigas adelante sin más. Construye el sentido de comunidad con preguntas de seguimiento, preguntando cómo otros han experimentado cosas similares o cómo una verdad ha formado su comprensión de Dios y del pasaje bíblico que están estudiando. Es menos probable que las personas hablen si temen que, en realidad, no quieras escuchar sus respuestas o que estás buscando solo una respuesta en particular.

Dios y Su Palabra son centrales
Las opiniones y las experiencias pueden ayudar, pero Dios nos ha dado la verdad. Confía en la Palabra de Dios como la autoridad y en el Espíritu de Dios para que obre en las vidas de las personas. No puedes cambiar a nadie, pero Dios sí puede. No dejes de llevar a las personas a la Palabra y a dar pasos activos de fe.

Cómo usar la Guía para el líder

Prepárate para liderar

Cada sesión de la Guía para el líder está diseñada para que puedas **arrancarla**, de modo que, como líder, puedas tener contigo esta primera y última página mientras lideras a tu grupo durante la sesión.

Mira el video educativo de la sesión y **lee todo el contenido de la sesión** con la hoja troquelada de la Guía para el líder en mano, y observa cómo complementa cada sección del estudio.

Usa el **Objetivo de la sesión** en la Guía para el líder para que ayude a enfocar tu preparación y liderazgo en la sesión grupal.

Preguntas y respuestas

✱ Las preguntas en el contenido de la sesión que tengan **este ícono** contienen algunas respuestas de muestra proporcionadas en la Guía para el líder, por si las necesitas para iniciar la conversación o conducirla.

Marco contextual

Esta sección de la sesión siempre tiene una **infografía** en la página opuesta. La Guía para el líder proporciona una actividad para ayudar a los miembros de tu grupo a interactuar con el contenido comunicado a través de la infografía.

Aplicación MISIONERA

La Guía para el líder proporciona una **declaración de Aplicación MISIONERA** sobre cómo los cristianos deberían responder a la verdad de la Palabra de Dios. Léele esta declaración al grupo y luego dirígelo a registrar, en el espacio en blanco proporcionado en sus libros, al menos una manera en que responderán personalmente, recordando que toda la Escritura señala al evangelio de Jesucristo.

Ora

Finaliza cada sesión grupal en oración. **Una breve oración de muestra** se proporciona al final de cada página troquelada de la Guía para el líder.

Sesión 1 · Guía para el líder

Objetivo de la sesión

Mostrar que Dios estaba en acción para librar a Su pueblo de la esclavitud en Egipto y regresarlos a la tierra de la promesa que Él les había dado a través de Abraham. (Esta sesión los llevará al borde de la liberación, así que parecerá la parte 1 de 2 en algunos sentidos).

Marco contextual

Usa estas respuestas según las necesites para las preguntas resaltadas en esta sección.

- Una persona sometida a la esclavitud del pecado está oprimida y cargada.
- El poder para ser libre de la esclavitud debe provenir de afuera de uno mismo.
- De no ser por la libertad y la redención, la esclavitud oprime a la persona hasta la muerte.

- La fidelidad de Dios en el pasado demuestra Su compromiso para permanecer fiel en el futuro.
- La salvación del pecado a través del arrepentimiento y de la fe en Jesús significa que Él un día nos salvará por completo de los efectos del pecado.
- La fidelidad de Dios contra toda lógica muestra que Él tiene el control y que logrará nuestra liberación.

Usa la siguiente actividad para ayudar a los miembros del grupo a ver cómo el ejemplo de Moisés significa que nosotros también podemos ser usados por Dios en Su misión.

Alienta a los miembros del grupo a leer nuevamente «**La vida de Moisés**» (pág. 11).

- Pregunta: «Si miramos los primeros 80 años de la vida de Moisés, ¿qué dificultades esperarías que tuviera como líder en el plan de Dios?». *(Moisés fue librado de la opresión de su pueblo durante 40 años como nieto de Faraón. Asesinó a un capataz egipcio y luego huyó de su pueblo atemorizado. Vivió en Madián lejos de la opresión de su pueblo durante otros 40 años. Moisés tuvo una esposa extranjera).*

- Pregunta: «Si Dios pudo vencer todos estos obstáculos en la vida de Moisés, ¿por qué continuamos teniendo excusas de por qué Dios no puede o no debería usarnos a nosotros?». *(Porque nos cuesta creer en la gracia y el poder de Dios. A menudo sucumbimos ante la vergüenza y el temor por nuestros propios pecados. Creemos que hay límites para la fidelidad de Dios).*

Lee este párrafo como transición a la siguiente parte del estudio.

Más allá de nuestras excusas, Dios es el gran «YO SOY»; Él es todo lo que necesitamos para vivir como hijos santos y obedientes. Lo sabemos debido a cómo usó a Moisés, pero aún más porque nos ha dado a Jesús para rescatarnos de nuestra esclavitud del pecado.

Discusión en grupo

Miren el video de esta sesión y luego, como parte del debate grupal, usen estas respuestas según sea necesario para las preguntas resaltadas en esta sección.

Éxodo 3:2-10

- Dios es misericordioso y soberano para usar a quien desee.
- Aunque parece que se demora, Él es fiel para cumplir Sus promesas.
- Dios siempre escucha el clamor de Su pueblo.

Éxodo 3:11-15

- La presencia de Dios conmigo importa más que mi habilidad o la falta de ella.
- El objetivo de obediencia a Dios es adorar Su gran nombre, no el mío.
- Dios es todo lo que necesitamos en cuanto a fuerza y obediencia para hacer lo que Él nos ha llamado a hacer.

Éxodo 7:14-18

- Dios es quien controla Su creación.
- El pueblo de Dios vería que sus opresores no eran tan fuertes como a ellos les parecía.
- Los egipcios serían confrontados con la debilidad de sus supuestos dioses y su sistema religioso.

Comparte la siguiente afirmación con el grupo. Luego, indícales que registren, en el espacio proporcionado en su libro, al menos una manera en que aplicarán la verdad de la Escritura como creyente en el soberano Dios que oye a Su pueblo.

✝ Aplicación MISIONERA

Como Dios nos ha librado de la opresión del pecado a través de Cristo, nos esforzamos por tomar conciencia del aprieto en que están los oprimidos en nuestro mundo mientras buscamos la justicia para todos y procuramos mostrar y compartir el amor de Dios.

Cierra la sesión grupal en oración, agradeciendo a Dios por Su presencia continua en nuestras vidas y confesando Su grandeza sobre todo dios falso.

Sesión 2 · Guía para el líder

Objetivo de la sesión

Mostrar los actos de liberación finales de Dios en Egipto y cómo el cordero de Pascua es un tipo de Jesús, que sería entregado como el Cordero que quita el pecado del mundo.

Introducción al estudio

Usa estas respuestas según las necesites para las preguntas resaltadas en esta sección.

- Fácilmente podemos malinterpretar la gravedad y seriedad de las plagas, dada nuestra propensión a ver a Dios a través de nuestra lente egocéntrica.
- Las plagas sirvieron para el buen propósito de derribar los ídolos de los egipcios, de modo que pudieran ver cuán muertos estaban en realidad.
- Necesitamos reconocer que la gloria de Dios es de máxima importancia para nuestra existencia y salvación.

Marco contextual

Usa estas respuestas según las necesites para las preguntas resaltadas en esta sección.

- Dios conquista nuestros corazones obstinados con Su amor y gracia exhibidos ante nosotros en Jesús sobre la cruz.
- Nuestra salvación del pecado no es algo que podemos lograr por nuestra cuenta, sino que debe provenir de Dios.
- Como hemos sido salvos, alabamos y proclamamos a Jesús como nuestro Señor y Salvador.

Usa la siguiente actividad para ayudar a los miembros del grupo a ver la importancia de una lectura de la Biblia centrada en Cristo.

Indícales a los miembros del grupo que revisen las conexiones en **«Veamos a Jesús en el éxodo»** (pág. 23). Luego, haz las siguientes preguntas: «¿Cuál conexión sobresale más para ti? ¿Por qué?». «¿Qué interpretas del gran despliegue de conexiones entre el Antiguo Testamento y el Nuevo Testamento: Jesús con Dios, un ser humano, una nación de personas y un animal expiatorio?».

Recuérdale a tu grupo que la Biblia narra la historia de Dios de Su creación y de Su obra en el mundo, y que esa historia se centra en Jesucristo. Desde el comienzo y aquí, a través del éxodo, Dios estaba obrando para preparar los corazones y las mentes de la gente para ver y reconocer a Jesús por quién Él es: el Hijo de Dios prometido enviado para salvar a Su pueblo de su pecado, y todo el que viene a Cristo en fe es incluido como parte de Su pueblo.

Discusión en grupo

Miren el video de esta sesión y luego, como parte del debate grupal, usen estas respuestas según sea necesario para las preguntas resaltadas en esta sección.

Éxodo 12:3-8,12-13

- Nuestras buenas obras comparadas con nuestras malas obras.
- La fe de nuestros padres.
- Nuestro bautismo y asistencia a la iglesia.

Éxodo 12:29-32

- El pecado es una cuestión de vida y muerte.
- Estos versículos se hacen eco de la advertencia de Dios en el jardín de que la paga del pecado es la muerte.
- Nadie puede escapar del juicio de Dios contra el pecado sin encontrarse con Su gracia y misericordia.

Éxodo 14:13-28

- Hemos experimentado la gracia de Dios en nuestra salvación del pecado; sin embargo, podemos sentir timidez y temor de compartir el evangelio con otros.
- Hemos sentido el poder de Dios cuando nos hemos apartado de la tentación; sin embargo, todavía nos encontramos luchando contra la tentación y el pecado.
- Hemos visto una transformación que parecía imposible en nosotros y en nuestros hermanos en Cristo, pero todavía podemos desesperarnos porque un ser amado parece estar fuera del alcance de Dios.

Comparte la siguiente declaración con el grupo. Luego, indícales que registren, en el espacio proporcionado en su libro, al menos una manera en que aplicarán la verdad de la Escritura como testigo del poder y la soberanía del único Dios verdadero sobre todos Sus enemigos y falsos ídolos.

✝ Aplicación MISIONERA

Dios nos ha librado del juicio y del pecado a través de Su Hijo, así que advertimos a otros del juicio venidero y ofrecemos las buenas nuevas de salvación a través de Jesús, el Cordero sustituto, a todos los que nos rodean.

Cierra la sesión grupal en oración, alabando a Dios por cómo Él nos librado en Cristo y nos mantendrá eternamente a salvo en Él.

Sesión 3 · Guía para el líder

Objetivo de la sesión

Mostrar cómo Dios estaba desarrollando una relación con Su pueblo mientras viajaban desde Egipto hacia la tierra prometida, comenzando con instrucciones sobre cómo podían adorarlo correctamente a través de la obediencia y los sacrificios.

Introducción al estudio

Usa estas respuestas según las necesites para las preguntas resaltadas en esta sección.

- El deseo de Dios para la relación con Su pueblo ayuda a mantener Su justicia y juicio en perspectiva.
- Esto comunica el corazón de Dios para redimir y salvar a Su pueblo obstinado, no simplemente para darlos por perdidos.
- Podemos saber que Dios está cerca de nosotros en nuestra adoración, en nuestras luchas y en nuestro dolor.

Marco contextual

Usa estas respuestas según las necesites para las preguntas resaltadas en esta sección.

- Aunque los límites son diferentes para cada persona, a todos nos cuesta guardar hasta las leyes humanas a la perfección, y las leyes de Dios requieren perfección.
- Las leyes, que nos digan qué hacer y qué no hacer, suelen traer a la superficie un deseo pecaminoso de rechazar tal instrucción, lo que muestra cuán profundo es nuestro problema de pecado.
- El problema con las leyes es que no pueden cambiar el corazón, que es la raíz de nuestro problema con el pecado. Solo el evangelio de Jesús puede cambiar el corazón.

Usa la siguiente actividad para ayudar a los miembros del grupo a ver cómo Edén, el tabernáculo y Jesús se conectan todos el uno con el otro.

Dales un momento a los miembros del grupo para repasar «**El tabernáculo**» (pág. 35). Luego, haz las siguientes preguntas: «Si fueras a construir una estructura para la presencia de Dios, ¿construirías una tienda elaborada? ¿Por qué sí o por qué no?». «¿Por qué te parece que el tabernáculo refleja el Jardín de Edén?». «¿De qué manera el versículo que expresa que Jesús "habitó" entre nosotros (Juan 1:14) afecta tu percepción de esta tienda?».

Explica que la presencia de Dios con Su pueblo y la revelación de Su gloria han sido el corazón de Dios desde el comienzo de Su creación. El pecado separa a los portadores de la imagen de Dios de Aquel a quien deben reflejar, pero en el tabernáculo y, de forma suprema en Jesús, Dios ha dado los pasos para vencer el pecado de Su pueblo y habitar con ellos una vez más.

Discusión en grupo

Miren el video de esta sesión y luego, como parte del debate grupal, usen estas respuestas según sea necesario para las preguntas resaltadas en esta sección.

Éxodo 20:1-8

- El amor fluirá naturalmente en acciones que exhiban obediencia.
- La obediencia del corazón requiere amor; de lo contrario, no es más que una acción egocéntrica realizada para una ganancia personal.
- La desobediencia traiciona un corazón que lucha con amor por Dios y por los demás.

Éxodo 20:12-17

- Demostramos nuestro amor por Dios al obedecer Sus mandamientos, así que, cuando nos relacionamos correctamente con los demás, demostramos nuestro amor por Dios.
- Amamos porque Él nos amó primero, así que la fuente de nuestro amor por otros proviene de Dios mismo.
- El amor por Dios nos llevará a tratar a los demás amablemente y a procurar hacer bien las cosas cuando hayamos ofendido a otros.

Éxodo 40:34-38

- El pueblo sabía que Dios estaba con ellos en cada paso del camino de su viaje hacia la tierra prometida.
- Dios les proporcionó visiblemente dirección y descanso a través de Su presencia en el tabernáculo.
- Dios proveyó luz a los israelitas durante la noche a través del fuego en la nube de Su gloria.

Comparte la siguiente declaración con el grupo. Luego, indícales que registren, en el espacio proporcionado en su libro, al menos una manera en que aplicarán la verdad de la Escritura como un tabernáculo del Espíritu de Dios en este mundo.

✚ Aplicación MISIONERA

Como Jesús ha cumplido la ley en nuestro lugar, ahora somos libres para agradar a Dios y exhibir Su propósito redentor en nuestras relaciones con los demás.

Cierra la sesión grupal en oración, agradeciendo a Dios no solo por mostrarnos cómo vivir, sino por darnos, a través de Jesús y del Espíritu Santo, el poder para hacerlo.

Sesión 4 · Guía para el líder

Objetivo de la sesión

Mostrar que, aunque Dios libró a Su pueblo y les mostró cómo tener una relación con Él, ellos se apartaron de Él y se rebelaron repetidas veces, replicando los ciclos de pecado que vimos desde la caída de la humanidad en el Jardín de Edén. Una vez más, vemos cuán irremediable es nuestra condición debido al pecado.

Introducción al estudio

Usa estas respuestas según las necesites para las preguntas resaltadas en esta sección.

- Usar la ley para restaurar nuestra relación con Dios conduce al orgullo y la desesperación.
- Mientras veamos la perfección de la ley como algo que podemos alcanzar, nunca veremos nuestra necesidad de un Salvador.
- Reconocer nuestra incapacidad para guardar la ley debería impulsarnos a la humildad delante del Señor de la ley, y Dios nunca rechaza un corazón humilde (Sal. 51:17).

Marco contextual

Usa estas respuestas según las necesites para las preguntas resaltadas en esta sección.

- La ley revela la perfecta santidad que Dios espera, algo que solo Dios mismo encarna y lo hace en Jesucristo.
- Solo Jesús puede proporcionar la perfecta justicia de la ley en nuestro lugar.
- La ley explica la adoración, los sacrificios y los roles en la comunidad, todo lo cual señala a Jesucristo como el cumplimiento de la ley.

Usa la siguiente actividad para ayudar a los miembros del grupo a ver los propósitos de Dios en el viaje.

Pídeles a los miembros del grupo que encuentren los dos caminos desde Egipto hasta Canaán en **«El viaje a la tierra prometida»** (pág. 47). Di: «El camino más rápido entre dos puntos es una línea recta o, en este caso, uno pavimentado, pero el más rápido no siempre es el mejor o el correcto. Dios tenía propósitos más allá de lo fácil al guiar al pueblo en las maneras en que lo hizo». Luego, haz las siguientes preguntas: «¿Qué aprendió el pueblo del "camino sin salida" del mar Rojo?». «¿Qué habrá aprendido el pueblo al salirse del camino y dirigirse al monte Sinaí?». «¿Cómo habrá preparado al pueblo la provisión divina diaria y fiel de comida cuando llegaron al borde de la tierra prometida?».

Dios enseña a Su pueblo a través de más que una mera instrucción y ley; Él les enseña durante el viaje. Los caminos por los que Dios nos guía nos preparan para futuros senderos, y las lecciones que aprendemos revelan quién es Dios y quiénes somos nosotros. Debemos aprender de estas lecciones y aprender de los errores de aquellos que fueron antes que nosotros (ver 1 Cor. 10:1-13).

Discusión en grupo

Miren el video de esta sesión y luego, como parte del debate grupal, usen estas respuestas según sea necesario para las preguntas resaltadas en esta sección.

Números 13:1-2,30-33

- El pecado es la ausencia de fe o la incapacidad de actuar en fe.
- «Pero sin fe es imposible agradar a Dios» (Heb. 11:6), lo cual es la esencia del pecado.
- Las buenas obras sin fe son pecaminosas en esencia porque no están hechas para la gloria de Dios.

Números 14:1-4,30-35

- El pueblo creía que Dios era engañoso y malicioso.
- Creía que era débil e indefenso contra los pueblos de Canaán.
- Creía que Dios era infiel a Sus promesas a Abraham, Isaac y Jacob.

Números 21:4-9

- «Porque la paga del pecado es muerte» (Rom. 6:23).
- La salvación definitiva requiere que la serpiente sea aplastada (Gén. 3:15).
- Todo el que mira en fe a Jesús, que fue levantado en una cruz, no perecerá, sino que tendrá vida eterna (Juan 3:16).

Comparte la siguiente declaración con el grupo. Luego dirígelos a registrar, en este espacio proporcionado en su libro, al menos una manera en la que aplicarán la verdad de la Escritura como alguien que mira a Jesús en fe para la salvación del pecado y la vida eterna.

Aplicación MISIONERA

Como hemos sido librados del castigo del pecado a través de la intercesión de Jesús, les rogamos a otros que también miren a la cruz y reciban salvación a través de Jesucristo.

Cierra la sesión grupal en oración, pidiéndole a Dios que los ayude a ti y a tu grupo a combatir el pecado con fe en Su buen carácter y provisión.

Sesión 5 · Guía para el líder

Objetivo de la sesión

Mostrar cómo Dios le dio la victoria a Su pueblo en la tierra usando las batallas de Jericó y Hai como ejemplos de la mayor conquista y cómo Israel necesitó confiar en Dios para librarlas.

Introducción al estudio

Usa estas respuestas según las necesites para las preguntas resaltadas en esta sección.

- Dios no provee de acuerdo a mi programa planeado.
- La provisión de Dios no es suficiente; quiero más.
- Dios no me da lo que pienso que necesito.

Marco contextual

Usa estas respuestas según las necesites para las preguntas resaltadas en esta sección.

- La falta de oración constante.
- Buscar venganza y tomar el asunto en nuestras propias manos.
- Caer repetidas veces en patrones de pecado, aunque como cristianos hayamos sido librados de la esclavitud del pecado.

Usa la siguiente actividad para ayudar a los miembros del grupo a ver que Dios estaba con Su pueblo mientras entraban y conquistaban la tierra prometida, tal como lo había dicho.

Pídeles a los miembros del grupo que señalen algunos detalles importantes del mapa **«La conquista de la tierra prometida»** (pág. 59), que pueden incluir claras maneras en que el Señor luchaba por los israelitas, el abrumador éxito de los israelitas en sus batallas aunque habían andado vagando por el desierto durante 40 años, la solitaria derrota de Hai y la anchura del área que todavía quedaba por conquistar en la tierra prometida. Luego, haz la siguiente pregunta: «¿Cómo se relaciona el éxito de estas campañas en la tierra prometida con los miedos de las generaciones previas de israelitas 40 años antes?».

Lee este párrafo como transición a la siguiente parte del estudio.

Cuarenta años antes, los israelitas habían rechazado la tierra prometida por temor a sus habitantes, en lugar de confiar en el Dios que los había librado y cuidado. Entonces, luego de reconocer su insensatez, rechazaron la disciplina del Señor y entraron en la tierra prometida para conquistarla, pero fracasaron porque el Señor no estaba con ellos. Los pasajes bíblicos en esta sesión se ocupan de la campaña central de Josué, la victoria sobre Jericó y la derrota y posterior victoria sobre Hai, y la suerte de sus batallas dependía de la presencia del Señor.

Discusión en grupo

Miren el video de esta sesión y luego, como parte del debate grupal, usen estas respuestas según sea necesario para las preguntas resaltadas en esta sección.

Josué 6:1-5

- Dios quería probarles a los israelitas que Él lucharía por ellos.
- Dios quería que toda la gloria de la batalla fuera para Él.
- Dios quería que los israelitas mantuvieran una postura humilde y obediente en su nueva tierra.

Josué 7:1-12,24-26

- El pecado tiene un rango más amplio de consecuencias del que imaginamos.
- Tolerar y justificar el pecado es desastroso, tanto para el pecador como para el facilitador.
- El Señor conoce los pecados secretos y los juzgará.

Josué 8:1-2

- Luego de haber tratado con el pecado en el campamento, el Señor habló con los israelitas como antes, con consuelo y aliento.
- El pueblo había perdido una batalla, pero no había perdido la guerra, y el Señor seguía luchando por ellos.
- El Señor tenía la batalla en la mano y le otorgaría la victoria al pueblo si obedecía.

Comparte la siguiente declaración con el grupo. Luego, dirígelos a registrar, en el espacio proporcionado en su libro, al menos una manera en que aplicarán la verdad de la Escritura como creyente firme y valiente en Cristo Jesús, que lucha contra Sus enemigos a favor de Su pueblo.

✝ Aplicación MISIONERA

Como hemos experimentado la victoria sobre el pecado y la muerte a través de Jesús, hablamos a la gente de toda tribu y nación sobre Jesús, de modo que ellos también puedan confiar en Él y puedan convertirse en parte del pueblo de Dios.

Cierra la sesión grupal en oración, agradeciendo a Dios por Su disposición a dar la mayor victoria de la salvación a Sus hijos.

Sesión 6 · Guía para el líder

Objetivo de la sesión

Mostrar cómo el pueblo de Dios continuaba en una espiral descendente de pecado y rebelión contra Él, pero Dios, en Su misericordia y bondad, proveyó jueces para rescatarlos. Aunque estos jueces le indicaban al pueblo el regreso a Dios, no podían tratar su problema de pecado, por lo cual el ciclo de pecado continuaba.

Introducción al estudio

Usa estas respuestas según las necesites para las preguntas resaltadas en esta sección.

- Puede parecer que nuestras batallas nos superan, así que necesitamos confiar en la sabiduría de Dios que permite estas circunstancias en nuestras vidas.
- Necesitamos luchar estas batallas con el poder y las armas de Dios; de otro modo, sucumbiremos al orgullo o la desesperación, según cuál sea el desenlace.
- Los caminos y los pensamientos de Dios son más altos que los nuestros, y Él sabe cómo debemos prevalecer sobre todas nuestras pruebas y batallas.

Marco contextual

Usa estas respuestas según las necesites para las preguntas resaltadas en esta sección.

- El pecado en nuestras vidas puede resultar en disciplina y en consecuencias naturales.
- Los enemigos y las circunstancias del momento pueden avasallar nuestra fe y quitar nuestros ojos de Dios.
- En nuestro orgullo, podemos esperar cierto desenlace que no concuerda con lo que Dios ha planeado.

Usa la siguiente actividad para ayudar a los miembros del grupo a ver la futilidad de la libertad si no se trata la raíz del pecado.

Indícales a los miembros del grupo que miren «**El ciclo de los jueces**» (pág. 71), y luego pide seis voluntarios para leer algunos breves pasajes del libro de Jueces. Estos pasajes detallan las tres primeras fases del ciclo de los jueces con los seis jueces principales nombrados al pie de la infografía *(alienta a los voluntarios a no preocuparse por los nombres, sino tan solo a hacer un buen intento y seguir adelante)*: • Jueces 3:7-9a • Jueces 3:12-15a • Jueces 4:1-3 • Jueces 6:1-6 • Jueces 10:6-10 • Jueces 13:1.

Pregunta: «¿Cuáles son tus impresiones de los israelitas luego de leer estos pasajes uno tras otro?». «¿Cuáles son algunas maneras en que podemos caer en un ciclo similar?».

Concluye esta actividad leyendo «Conexión con CRISTO» (pág. 70).

Discusión en grupo

Miren el video de esta sesión y luego, como parte del debate grupal, usen estas respuestas según sea necesario para las preguntas resaltadas en esta sección.

Jueces 2:8-19

- Los israelitas no trasmitieron sus historias de fe y de la fidelidad de Dios a sus hijos.
- Los israelitas no obedecieron el mandamiento de Dios de enseñarles a sus hijos los caminos de Dios.
- La siguiente generación puede haber rechazado lo que les enseñaron sus padres al ver una forma de religión más atractiva en sus vecinos paganos.

Jueces 4:4-7

- Que Dios es todopoderoso y protege a Su pueblo.
- Que Dios guarda Sus promesas; que, sin importar cuáles sean las consecuencias de una postura valiente a favor de Él en esta vida, en comparación, la vida eterna hará empalidecer esas consecuencias.
- Que Dios existe y recompensa a aquellos que lo buscan (Heb. 11:6).

Jueces 4:14-16

- Las situaciones difíciles desafían nuestra fe y nos ayudan a fortalecer nuestra fe en Dios.
- Las situaciones difíciles proporcionan una oportunidad única para que Dios demuestre Su poder y gloria para con Su pueblo y a través de él.
- Aquellos que disfrutan poniendo o viendo a los cristianos en situaciones difíciles pueden conmocionarse o sentirse culpables cuando el Señor viene en rescate de Su pueblo.

Comparte la siguiente declaración con el grupo. Luego dirígelos a registrar, en el espacio proporcionado en su libro, al menos una manera en la que aplicarán la verdad de la Escritura como alguien que ha sido perdonado y librado en Jesús de la naturaleza destructiva del pecado.

✝ Aplicación MISIONERA

Como hemos sido perdonados por nuestra rebelión a través de Cristo, identificamos y resistimos las idolatrías predominantes en nuestra sociedad, de modo que nuestra singularidad respalde nuestra proclama del evangelio.

Cierra la sesión grupal en oración, orando para que Dios te de valor para vivir en santidad sin importar cuáles excusas quieras poner.

Sesión 7 · Guía para el líder

Objetivo de la sesión

Mostrar que Dios proveyó lo que a los jueces les faltaba para que quedara en claro que la salvación viene verdaderamente de Dios y mostrar la función inversa de cómo los últimos jueces parecían mayores libertadores, pero en realidad demostraron ser menos capaces para librar al pueblo de Dios y demostraron la necesidad del Juez perfecto que vendría.

Introducción al estudio

Usa estas respuestas según las necesites para las preguntas resaltadas en esta sección.

- Mis circunstancias incómodas actuales son temporales.
- Dios hace que todas las cosas les ayuden a bien a aquellos que lo aman (Rom. 8:28).
- Debo poner mi mente en las cosas de arriba, no en las de la tierra (Col. 3:1-2).

Lee este párrafo como transición a la siguiente parte del estudio.

El libro de Jueces nos presenta una dicotomía cuando lo leemos. Por un lado, contiene algunas de las historias más apasionantes e interesantes de la Biblia. Pero por el otro, el libro revela la espiral descendente de pecado en la que estaban atrapados los israelitas.

Marco contextual

Usa estas respuestas según las necesites para las preguntas resaltadas en esta sección.

- Si no se produce un cambio en el corazón, el ciclo de pecado continuará hacia abajo en un juicio cada vez más profundo de Dios.
- Sin importar cuáles sean sus habilidades o sus dones espirituales, ningún líder humano puede cambiar un corazón.
- En definitiva, cada ser humano, incluyéndote a ti mismo, te desilusionará; solo Jesús puede sostenerte y asirte en Su mano por siempre para salvación.

Usa la siguiente actividad para ayudar a los miembros del grupo a ver que tanto la fuerza como la debilidad de los jueces señala a Jesús como el mayor Juez.

Anima a los miembros del grupo a que revisen las conexiones del Antiguo Testamento y del Nuevo Testamento en **«Veamos a Jesús en los jueces»** (pág. 83). Pregunta: «¿Qué les traen a la memoria las declaraciones sobre Gedeón y Sansón respecto a historias contadas en la cultura popular?». «¿Por qué la debilidad humana revela la fuerza y la gloria de Dios?». «¿Por qué la fuerza humana revela en definitiva la debilidad humana?».

Enfatiza el primer punto sobre que la obra de los jueces duraba solo mientras ellos vivían, como mucho del trabajo que hace la gente hoy. Pero la obra de Jesús en la cruz vive con Él y por nosotros porque Él resucitó de los muertos, habiendo vencido al pecado y a la muerte.

Discusión en grupo

Miren el video de esta sesión y luego, como parte del debate grupal, usen estas respuestas según sea necesario para las preguntas resaltadas en esta sección.

Jueces 6:11-16

- Abraham cuestionó cómo podía Dios proveerle un hijo cuando Sara y él eran tan ancianos.
- Moisés quiso que Dios escogiera a otra persona como vocero porque se sentía mal preparado y temeroso.
- Josué cuestionó el plan de Dios cuando los israelitas fueron derrotados en Hai, creyendo que los cananeos se juntarían y los destruirían.

Jueces 7:15-22

- Dios obra de tal manera como para humillar a Su pueblo y glorificarse.
- Dios obra a través de la obediencia de Su pueblo, aun cuando esa obediencia no tiene sentido dadas las circunstancias.
- Ningún enemigo ni ejército pueden prevalecer contra el pueblo de Dios cuando Él pelea por ellos.

Jueces 16:21-22,26-30

- En su fuerza, Sansón murió con venganza contra sus enemigos en su mente; Jesús murió pidiendo el perdón por aquellos que lo crucificaban.
- La muerte de Sansón fue más efectiva de lo que él había sido en su vida; la vida y la muerte de Jesús combinadas salvaron a un sinnúmero de sus pecados.
- Sansón oró a Dios para que lo recordara; uno de los ladrones le pidió a Jesús que se acordara de él cuando entrara en Su reino, y así lo hizo.

Comparte la siguiente declaración con el grupo. Luego, dirígelos a registrar, en el espacio proporcionado en su libro, al menos una manera en que puedan aplicar la verdad de la Escritura como un fiel siervo empoderado por Dios para proclamar a Jesús, nuestro fiel Salvador y Juez.

✚ Aplicación MISIONERA

Como hemos sido rescatados de nuestros pecados a través de Jesús, respondemos a Su llamado al servicio, confiando que Él es por nosotros y nos dará poder para ganar la victoria para Su gloria.

Cierra la sesión grupal en oración, expresando tu confianza en que Dios brillará a través de tu debilidad para darse a conocer y dar a conocer a Su reino.